»MEER IST NICHT DIE ANTWORT.
ABER MAN VERGISST DORT
JEDE FRAGE.«

Ilka Sokolowski   Anja Fischer

Was will man MEER?

Die schönsten Urlaubsziele Europas
SONNE, STRAND UND LUFTMATRATZE

INHALTSVERZEICHNIS

NORD- UND OSTSEE

1 **Deutschlands Nordseeküste und –inseln** 10
Sylt » Föhr » Die Halligen » Amrum » St. Peter-Ording » Borkum » Juist » Norderney » Wangerooge

2 **Deutschlands Ostseeküste und –inseln** 20
Flensburger Förde » Kieler Bucht » Fehmarn » Fischland-Darß-Zingst » Warnemünde » Rügen » Hiddensee » Usedom

3 **Dänemarks Küsten** 30
Jütland » Rømø, Fanø, Mandø » Jammerbucht » Lønstrup und Hjørring » Atlantikwall » Bornholm » Ostseeinseln

4 **Südschweden** 38
Varberg » Mellbystrand » Tanum » Schären um Göteborg » Öland » Gotland » Stockholmer Schärengarten

5 **Die Küste Südenglands** 44
Isle of Wight » Isles of Scilly » Broadstairs » Bournemouth » Exmouth » Dartmouth » Cornwall

ATLANTIK

6 **Frankreichs Atlantikküste** 50
Côte d'Émeraude » Côte de Granit Rose » Bénodet » Île de Noirmoutier » Bassin d'Arcachon » Surferparadiese an der Westküste

7 **Portugals Küsten** 56
Costa da Prata » Rund um Lissabon » Sesimbra » Cabo da Roca » Algarve » Cabo São Vicente und Costa Vicentina » Parque Natural da Ria Formosa » Ponta da Piedade » Praia da Falésia

8 **Madeira** 66
Ponta Delgada » Calheta » Funchal » Garajau » Ponta do Sol » Porto Santo

9 **Kanarische Inseln** 72
Teneriffa » Fuerteventura » Gran Canaria » Lanzarote » La Palma » La Gomera

WESTLICHES MITTELMEER

10 Andalusien 78
Andalusien » Costa Tropical » Costa del Sol » Costa de la Luz

11 Balearische Inseln 84
Mallorca » Sant Elm » Platja de Palma » Calas im Südosten » Cala Millor » Menorca » Formentera » Ibiza

12 Frankreichs Mittelmeerküste 92
La Côte Bleue » Massif des Calanques » Côte d'Azur

13 Korsika 98
Korsika » Costa Verde » Lavezzi-Archipel

14 Italiens Küsten 102
Portofino » Cinque Terre » Elba » Giglio » Capri » Costiera Amalfitana » Riviera dei Cedri

15 Sardinien 110
Chia » Porto Pino » Costa Verde » La Maddalena » Cala Luna » Costa Rei » Sarrabus » Costa Smeralda » Golfo di Orosei

16 Sizilien mit Inseln 118
Mondello » San Vito lo Capo » Lo Zingaro » Zyklopen-Riviera » Pantelleria » Ägadische Inseln » Pelagische Inseln » Lipari » Salina » Vulcano und Stromboli » Panarea, Alicudi und Filicudi

17 Malta 126
Peter's Pool » Ghar Lapsi » Mellieha » Comino » Ir-Ramla il-Hamra » Marsalforn » Xlendi

ÖSTLICHES MITTELMEER

18 Kroatien 132
Istrien » Brionische Inseln » Lošinj und Susak » Premuda, Silba, Olib » Krk » Archipel von Zadar » Archipel vor Šibenik » Murter » Brač, Solta, Drevnik » Makarska Riviera » Vis

19 Ionische Inseln 142
Korfu » Lefkada » Kefalonia

20 Ägäische Inseln 148
Kreta » Chrissi » Vai und Itanos » Xerokampos » Bucht von Chania » Falassarna & Elafonissi » Imeri Gramvousa » Rhodos » Kos » Mykonos » Samos » Naxos

21 Zypern 158
Strand und Meer auf Zypern » Poli » Agia Napa » Famagusta und Salamis » Karpaz-Halbinsel

»URLAUB BEGINNT DANN, WENN DER FUß IM MEER UND DAS HERZ IM HIMMEL BAUMELT.«

RUTH W. LINGFELSER

VORWORT

Endlich mal wieder ans Meer reisen …! Dem leisen Rauschen der Wellen zuhören oder sich in die Brandung stürzen, sonnenwarmen Sand unter den nackten Füßen spüren oder über nass glänzende Felsen klettern, während von fern die Rufe von Eisverkäufern erklingen und Möwenschreie in der Luft liegen – wohl jeder kennt diese Sehnsuchtsbilder, die beim Träumen von Weite und Wasser vor dem inneren Auge aufsteigen. Wie gut, dass es nicht dabei bleiben muss! Bis zum nächsten schönen Strand ist es gar nicht so weit, Europas Küsten und Inseln warten nur darauf, neu entdeckt zu werden. Wir haben unsere Lieblingsorte zusammengestellt, verraten die attraktivsten Reiseziele und besten Tipps für unvergessliche Urlaubstage am Meer. Badefreuden erster Güte versprechen Dänemarks unglaublich feinsandige Strände, Bilderbuchferien kann man in Südschwedens Schärengärten verbringen. Segeln, tauchen, rudern, schwimmen: *Sports, please* heißt es an Englands Südküste mit ihrem lebendigen Flair. Surfer finden ihr Mekka an der französischen oder der portugiesischen

Was will man Meer?

Atlantikküste. Wer es mondäner liebt, unternimmt Streifzüge an der Côte d'Azur. Auf den griechischen Inseln wandert man auf den Spuren antiker Hochkulturen, überraschend gut shoppen lässt es sich im italienischen Traumstädtchen Positano. Frische Austern schlürfen auf Sizilien, biken auf Lanzarote, Madeiras Blumenpracht genießen, sich im zyprischen Agia Napa ins Partygetümmel stürzen – oder darf es etwas ruhiger sein? Nationalparks, Stille und Entschleunigung? Auch das ist möglich: Kroatien mausert sich gerade zum Paradies für Naturliebhaber. Sardinien, Malta, Portugal, der Platz reicht kaum, um alle Highlights aufzuzählen. Eines können wir aber versprechen: Für jeden ist das Richtige dabei! Sogar für Strandmüde halten die Extra-Tipps zu jedem Urlaubsort eine Menge Alternativen bereit, tolle Restaurants, gute Unterkünfte, die besten Tauch-Spots und spannende Ausflugsziele inklusive. Also nicht länger träumen, sondern sich auf den Weg machen – endlich ans Meer!

1 DEUTSCHLANDS NORDSEEKÜSTE UND -INSELN

Die Nordsee: ein Meer mit unzähligen Gesichtern

Klippen und eine tosende Brandung, feinste Sandstrände und endlose Dünen, mit Blütenteppichen bedeckte Salzwiesen und Vogelschwärme über hohem Himmel, rot-weiß geringelte Leuchttürme und Inselorte mit vielen Facetten, von ländlich bis mondän, von verschlafen bis trubelig. An Deutschlands Nordseeküste mit ihren rund 20 Inseln und Halligen findet bestimmt jeder einen Ferienort nach seinem Geschmack! Naturfreunde haben ihre helle Freude am Wattenmeer, einer weltweit einzigartigen Landschaft und einem Rastgebiet von Millionen von Zugvögeln. Oder wie wäre es mit einer Wanderung barfuß durchs Watt? Und wer gern mal den Elementen trotzt, genießt insbesondere die raueren Seiten der Nordsee – an manchen Tagen beweist sie mit schäumenden Wellen und salziger Gischt, dass sie als Randmeer zum großen Atlantik gehört.

- Sylt
- Föhr
- Amrum
- Halligen
- St. Peter-Ording
- Wangerooge
- Juist
- Borkum
- Norderney

Endlose Weite, stille Dünen,
Tierspuren im Sand, am Horizont
das Meer: So zauberhaft kann
ein Sonnenaufgang an der
Nordsee sein.

Die Reetdachhäuser und der
Leuchtturm von Hörnum gehören
zu den Schmuckstücken von
Sylt – und davon besitzt die
Insel nicht wenig!

Schlemmen und chillen in Buhne 16: Die Strandbar liegt direkt am Strand von Kampen und ist nur zu Fuß durch die Dünen zu erreichen.

1 SYLT Friesisch herb und elegant

Sylt besitzt es einfach, das gewisse Etwas. Die nördlichste und schmalste der Nordfriesischen Inseln ist ein Urlaubsparadies für Wassersportler und Seelufthungrige. Wer einen mondänen Badeurlaub und eine gewisse Promidichte bevorzugt, kommt hier genauso auf seine Kosten wie alle, die möglichst viel Natur und wenig Highlife mögen.

Nach Sylt gelangt man von Niebüll aus mit dem Autoreisezug. Der historische Hindenburgdamm führt mitten durch das Wattenmeer. Ziemlich genau in der Mitte der Westküste liegt der Hauptort Westerland. Hier ist der Trubel groß: Angesagte Bars, schicke Restaurants und Geschäfte aller Preisklassen reihen sich aneinander, gern wird die Nacht zum Tag gemacht. Das Kontrastprogramm bietet dagegen Archsum, der kleinste Ort der Insel mit seiner dörflichen Atmosphäre – Wattenmeer, Schafe und ansonsten: Ruhe.

Auf Sylt liegt alles dicht nebeneinander, die angesagtesten Treffpunkte ebenso wie stille Dörfer mit reetgedeckten Häusern, windzerzauste Dünen, endloser Strand und eine Brandung, die ihresgleichen sucht. Unglaubliche 40 Kilometer lang ist der Weststrand. Zu den Freuden eines Sylturlaubs gehört auch ein Bad in den schäumenden Nordseewellen. Aber Vorsicht: Wegen der Strömung, die nicht zu unterschätzen ist, sollte man sich nur an den offiziellen Badestellen in die Fluten wagen.

Am Ende des Tages ist ein Sylter Sonnenuntergang ein unvergessliches Erlebnis – bei Wind genießt man das farbenprächtige Spektakel am besten in einem der mehr als 10 000 Strandkörbe.

AUF SYLT LIEGT ALLES DICHT NEBENEINANDER, DIE ANGESAGTESTEN TREFFPUNKTE EBENSO WIE STILLE DÖRFER MIT REETGEDECKTEN HÄUSERN, WINDZERZAUSTE DÜNEN, ENDLOSER STRAND UND EINE BRANDUNG, DIE IHRESGLEICHEN SUCHT

Eines der zahllosen Highlights auf Sylt ist die bis zu 50 Meter hohe Steilküste zwischen Wenningstedt und Kampen, das Rote Kliff. Seine Farbe verdankt es dem hohen Gehalt an Eisenerz, das an der Luft oxidiert und sich dabei rot färbt.

Lust auf Inselhopping? Nicht mal 600 Meter liegen bei Rantum zwischen Wattseite und offener See, man kann also mal eben von einer Inselseite zur anderen »hüpfen«. Rantum war bis ins 18. Jahrhundert ein berüchtigtes Strandräubernest. Heute sind hier die Piraten der Neuzeit unterwegs: beispielsweise in der Sansibar, wo man sich mehr den leiblichen Genüssen hingibt.

TIPPS

Das Kult-Lokal Sansibar: nicht auslassen!
www.sansibar.de/sansibar/de
Sündhaft guten selbst gebackenen Kuchen gibt es in der Kupferkanne in Kampen:
http://kupfer-kanne-sylt.de

Surfen? Na klar! Wer sein Brett noch nicht beherrscht, kann es auf Föhr lernen; diverse Wassersportschulen bieten Kurse an. Der Wind weht fast immer, der breite Strand fällt schön sanft ins Wasser ab.

3 DIE HALLIGEN Wind und Wetter ausgesetzt

»Wie Träume liegen die Inseln im Nebel auf dem Meer …«, so beschrieb Theodor Storm die Halligen. Ob sie nun aus der Ferne betrachtet am schönsten sind oder wenn man sich direkt auf einer von ihnen befindet, muss jeder selbst herausfinden! Langeneß, Hooge und Oland sind die drei größten Marschinseln. Es lohnt sich, länger als nur einen Tag zu bleiben, denn sobald die Tagesausflügler wieder weg sind, wird rasch klar, was das Leben hier so besonders macht: Wasser, Wiesen, Weite und grenzenlose Stille.

TIPP
Ein Besuch in Deutschlands einzigem »Sturmflutkino« auf Hooge ist ein beeindruckendes Erlebnis.

2 FÖHR Grüner Farbtupfer im Meeresblau

Mitten im Watt leuchtet wie ein grüner Farbklecks die Insel Föhr. Nordfrieslands grünste Insel ist ein Traum für Radler und Wanderer, die gleichzeitig Strand und Meer genießen wollen. Gut 200 Kilometer Radwege und fünf ausgeschilderte Touren von 15 bis 42 Kilometern Länge führen zu den schönsten Plätzen. Gemütlicher ist es, einfach von Dorf zu Dorf zu radeln und dabei reetgedeckte alte Friesenhäuser, trutzige Kirchen, heimelige Cafés und Teestuben zu entdecken – da möchte man die Pausen endlos ausdehnen.

TIPP
Ab ins Watt! Die acht Kilometer lange Wanderung von Föhr nach Amrum ist aber gezeitenabhängig.
www.foehr.de/wattwanderungen

4 AMRUM Dünen, so weit das Auge reicht

Wer an Amrums Weststrand aus den Dünen tritt, ist erst mal sprachlos beim Anblick von so viel Sand! 15 Kilometer lang und zwei Kilometer breit ist der Kniepsand, und er wächst noch immer weiter, denn jedes Jahr schwemmen die Winterstürme weiteren Sand an. Und das sehr zur Freude all jener, die es nicht so mit der Handtuch-an-Handtuch-Idylle haben, sondern lieber für sich sind. Neben der betörenden Natur sind die fünf Amrumer Dörfer Norddorf, Nebel, Süddorf, Steenodde und Wittdün wahre Kleinodien.

TIPP
Das Amrumer Museum in Nebel erzählt anschaulich die Geschichte der Insel und ihrer Bewohner.

Herrlich: Im frischen Nordsee-
wind trocknet die Bettwäsche
auf Hallig Hooge. Da muss man
einfach entspannt in die Kissen
sinken ...

Vom Quermarkenfeuer bei
Norddorf schweift der Blick über
die Dünen von Amrum.
Der kleine Leuchtturm ist der
nördlichste der Insel.

5 ST. PETER-ORDING

Paradies für wagemutige Wasserratten und Adrenalinjunkies

Surfer jagen über die Wellen, Drachen knattern im Wind, Kitebuggies und Sandsegler düsen mit 120 Stundenkilometern über die Sandpiste. Der Strand von St. Peter-Ording gilt als Hotspot für Powerkite- und Windsurfer. Markantes Markenzeichen von »SPO« sind die bis zu sieben Meter hohen Pfahlbauten an den bewachten Badestellen. Im Ortsteil Dorf erinnern Reetdachhäuser an frühere Zeiten. Die einzigartige Natur erkundet man am besten auf den vielen Rad- und Wanderwegen, die durch die artenreichen Salzwiesen führen. Vom Badestrand Dorf aus starten geführte Wattwanderungen. Touristischer Mittelpunkt ist der Ortsteil Bad mit seiner langen Seebrücke. Bei Schietwetter unbedingt einen Besuch in der Dünentherme einplanen! Und der Westküstenpark, ein Naturerlebnispark mit Robbarium, lockt große und kleine Besucher an.

TIPP

Wer Labskaus noch nicht kennt, sollte ihn in der Seekiste probieren! Nicht zu toppen ist die exponierte Lage des Restaurants auf einem Pfahlbau. www.dieseekiste.de

Gut zwölf Kilometer lang und bis zu zwei Kilometer breit ist der Sandstrand von St. Peter-Ording – genug Platz, um spontan ein kleines Surflager aufzubauen.

Im Wattenmeer vor Wangerooge haben Seehunde eine Sandbank erobert. Die Meeressäuger stehen unter Schutz. Bitte nicht stören!

6 BORKUM Ein alter Leuchtturm und viele Spuren der Walfänger

Gut 135 Minuten dauert die Überfahrt von Emden nach Borkum, der größten der Ostfriesischen Inseln. Das Seebad hat auch eine geheimnisvolle Seite: Walkieferknochen in der Wilhelm-Bakker-Straße, auf dem Friedhof beim Alten Leuchtturm Grabsteine mit Totenschädeln … Keine Piratenzeichen, sondern Statussymbole der Walfänger. Davon gibt es viele, denn in früheren Zeiten lebten die Insulaner vor allem vom Walfang.

TIPP
Stippvisite im Heimatmuseum Dykhus neben dem Alten Leuchtturm einplanen. www.heimatverein-borkum.de

7 JUIST Auf diesem Eiland haben Pferde Vorfahrt

So ziemlich alles, was auf Juist transportiert werden muss, wird mit höchstens zwei Pferdestärken bewegt. Das macht die autofreie Insel zu einer Oase der Ruhe. »Töwerland«, Zauberland, nennen die Einheimischen ihre Insel. Traumhaft schön ist auch der lange Strand mit dem feinen, hellen Sand. Ganz nahe ist die unbewohnte Vogelinsel Memmert, auf der in den Sommermonaten Führungen angeboten werden.

GUT ZU WISSEN
Da die Fähren nach Juist oder Baltrum tidenabhängig verkehren, unbedingt vorab über Fahrpläne informieren!

(1) Strandpromenade und Kurpavillon von Borkum sind auch abends noch beliebte Treffpunkte.
(2) Mobil mit zwei PS – auf Juist fahren Kutschen statt Autos.
(3) Auf Norderney führen oft Treppen bequem von der Promenade hinunter an den Strand.

8 NORDERNEY
Mondäne Bäderarchitektur mit Strandleben

Schon 1797 wurde Norderney zum ersten Nordseeheilbad ernannt, was noch heute an der mondänen Bäderarchitektur zu erkennen ist. Geschäfte, Restaurants, Kino, Bars – Norderney bietet alle Annehmlichkeiten einer Stadt, dazu ein aktives Strandleben und verschlungene Wanderwege, die durch Dünen und Salzwiesen führen. An dem 15 Kilometer langen Sandstrand finden auch Ruhesuchende und FKK-Anhänger einen Platz.

TIPP
Einkehr in der alten Mühle Selden Rüst, heute ein gemütliches Café-Restaurant. www.muehle-norderney.de

9 WANGEROOGE
Beschauliche Idylle mit Leuchtturm

Ruhig und beschaulich geht es auf der kleinsten der Ostfriesischen Inseln zu. Wangerooge ist nur acht Kilometer vom Festland entfernt und mit der Fähre von Harlesiel rasch zu erreichen. Die erste Sehenswürdigkeit wartet gleich in der Nähe des Inselbahnhofs: der Alte Leuchtturm von 1856 mit seinem Heimatmuseum. Wer sich von den 161 Stufen nicht abschrecken lässt, wird mit einem fabelhaften Ausblick belohnt.

TIPP
Schiffegucken! Gleich drei wichtige Seefahrtsrouten führen hier vorbei. Dicke Pötte garantiert!

2 DEUTSCHLANDS OSTSEEKÜSTE UND -INSELN
Seebrücken, Strandkörbe und viele Sonnenstunden

Beruhigend dahinplätschernde Wellen, Steinesammeln am Wassersaum, ein Eis am Strandkiosk, der Duft von Sonnencreme und Fischbrötchen: An den Stränden der Ostsee werden Kindheitserinnerungen wach. Von der längsten Seebrücke auf Usedom über abenteuerliche Segeltörns in der Kieler Bucht bis zu den gestreiften Strandkörben in Grömitz hat das Binnenmeer vor unserer Haustür für kleine und große Urlauber eine Fülle von Eindrücken zu bieten. Die einen zieht es zum süßen sommerlichen Nichtstun auf eine der großen Inseln, andere erkunden lieber das Hinterland und die schönen Hansestädte. Doch die milden Luft- und Wassertemperaturen und die vielen Sonnenstunden wissen alle Reisenden zu schätzen, ebenso wie den frischen Fisch und die Vielfalt der Unterkünfte von der Ferienwohnung bis zum Luxusresort.

Flensburger Förde

Kieler Bucht

Fehmarn

Fischland-
Darß-Zingst

Hiddensee

Rügen

Warnemünde

Usedom

Grasbewachsene Dünen, heller
Sand, blau-weiße Strandkörbe
und reetgedeckte Holzhäuser –
ein Sommertag am Strand von
Ahrenshoop.

Auf dem Steg sitzen, die Beine baumeln lassen und den Blick übers Wasser und die Boote auf die Flensburger Altstadt genießen – am allerschönsten zu zweit am Abend eines heißen Sommertages.

2 KIELER BUCHT
Erlebnisse über und unter Wasser

Sandstrände, Deiche, Cafés und Fischrestaurants – an der Kieler Bucht lässt es sich gut sonnenbaden, Fahrrad fahren, spazieren und schnabulieren. Wer ein kleines Abenteuer sucht, wird mit der Hilfe eines Tauchlehrers vielleicht auf dem Ostseegrund fündig: Vor dem Strand von Schwedeneck liegt das Surendorf-Riff, das für Unterwasser-Erkundungen bestens geeignet ist. Passionierte Segler gehen natürlich lieber aufs Wasser, schließlich ist die Kieler Bucht weltweit für ihre ausgezeichneten Windverhältnisse und ihre beachtlichen Wellen bekannt.

NICHT VERPASSEN!
Die Kieler Woche, eine der größten Segelregatten weltweit, zieht alljährlich im Juni Segelfans aus aller Welt an! www.kieler-woche.de

1 FLENSBURGER FÖRDE
Ostseefreuden in Reinform

Dort, wo es nur noch ein paar Schritte sind bis nach Dänemark, kann man die Ostsee in Reinform genießen: keine Kurtaxe, kein Schnickschnack – stattdessen nur Wasser, Sand und Segelboote am Horizont. Vom Strand aus führt der Weg über eine kleine Holzbrücke, den winzigen Grenzübergang Schusterkate, nach Dänemark. Wer eine längere Wanderung machen möchte, kann gleich weiterlaufen zu Annies Kiosk. Und wer etwas Zeit mitbringt, setzt mit der Fähre auf die Ochseninseln über, wo eine Galerie und Musikfeste ganzjährig Besucher anlocken.

TIPP
Wenn es mal regnet: In Glücksburg laden die Sternwarte und die Fördelandtherme mit Meerwasserbecken zum Besuch ein. www.schloss-gluecksburg.de

3 FEHMARN
Perfekte Wellen und viel Sonne

Deutschlands drittgrößte Insel, von der viele Dänemark-Fans nur den Fähranleger kennen, ist für manchen Surfer ein lohnendes Revier. Anfänger fühlen sich auf Fehmarn genauso wohl wie Könner, es gibt für alle die perfekten Wellen. Und viele Sonnenstunden noch dazu, denn Fehmarn gehört zu den sonnenreichsten Gegenden des Landes. Gelegentliche Regenschauer zwischendurch können mühelos im Meereszentrum Fehmarn in Burg überbrückt werden, hier gleiten unter anderem Riesenrochen in Wassertunneln über die Köpfe der Besucher hinweg.

TIPP
Besuch im Meereszentrum Fehmarn, dem größten tropischen Aquarium Deutschlands: mit Haien, Korallengarten, Seesternen, Muränen, Rochen, Zackenbarschen … www.mega-meereswelten.de

Kein Urlaub ohne Strandkorb.
An der deutschen Ostsee-
küste gehören die gestreiften
Schattenspender zum Strandvergnügen einfach dazu.

Himmelblau, grasgrün und
wollweiß – beim Radfahren auf
dem Deich ist man umgeben von
den Farben des norddeutschen
Sommers.

Vom Hohen Ufer, einem Kliff bei Ahrenshoop, stürzen sich Paraglider in die Tiefe, um für einen Moment über dem Meer zu schweben.

4 FISCHLAND-DARß-ZINGST

In Form eines Bumerangs

Der Dreiklang des Namens ist bei einem Blick auf die Karte nachvollziehbar: Die Ostsee-Halbinsel beginnt im Westen mit dem schmalen Fischland-Teil als Landbrücke, verbreitert sich dann zum breiten Dreieck Darß und biegt Richtung Osten nach Zingst ab. An der Boddenseite zur Küste hin breiten sich Salzwiesen und Brackwasserflächen aus. Am besten erkundet man die Gegend mit dem Rad, vorbei an Katen und verwunschenen Gärten. An Fischlands schmalster Stelle liegt der Ort Wustrow mit einer imposanten Seebrücke. Den besten Überblick bietet der Leuchtturm Darßer Ort.

TIPP
Im Künstlerdorf Ahrenshoop die Werke lokaler Künstler bewundern und dem Kunstmuseum einen Besuch abstatten. www.ostseebad-ahrenshoop.de

Zwei Sehenswürdigkeiten von Warnemünde:
Vom Leuchtturm hat man einen schönen Ausblick
über die Stadt und den Hafen. Daneben steht der
„Teepott". Das architektonisch bemerkenswerte
Gebäude wurde 1968 erbaut und beherbergt heute
unter anderem ein Café.

5 WARNEMÜNDE Sommerfrische mit Prädikat

Bereits vor 200 Jahren entdeckten die ersten Berliner
Warnemünde als Sommerfrische. Heute spaziert man
zwar niemals alleine am Strand des Ostseebades entlang, aber reizvoll ist eine ausgedehnte Wanderung bis
nach Heiligendamm allemal. Wer keine ganz so sportliche Herausforderung sucht, schaut vielleicht am Hafen
den riesigen Kreuzfahrtschiffen beim Einlaufen zu. Zwei
internationale maritime Highlights, die Warnemünder
Woche und die Hanse Sail, locken im Sommer unzählige
Segelfans in das Seebad.

TIPP

Warum nicht einmal beim Shanty-Singen auf der Warnemünder Woche mitmachen, die jährlich im Juli stattfin-
det? www.warnemuender-woche.com

Frühaufsteher werden mit
Stimmung belohnt: Wie eine
Urzeitlandschaft wirken die
Kreidefelsen von Rügen in der
Morgendämmerung.

Abendstimmung auf der Seebrücke von Sellin. Eine der beliebtesten Sehenswürdigkeiten Rügens ist zu jeder Tageszeit einen Besuch wert.

6 RÜGEN Eine Landschaft wie aus dem Bilderbuch

Was Caspar David Friedrich einst auf Leinwand bannte, ist heute so nicht mehr zu sehen: Die Kreidefelsen auf Deutschlands größter Insel verändern sich durch Erosion und Abbrüche ständig. Ein Besuchermagnet sind sie immer noch, auch wenn es in den vergangenen Jahren immer wieder zu Unfällen kam. Zu nah an die Kanten sollte man sich nicht wagen, auch wenn der Nervenkitzel beim Herunterschauen in den Abgrund verführerisch ist. Den besten Blick auf dieses Naturwunder hat man ohnehin vom Meer aus!

Das Gefühl, auf dem Meer zu sein, stellt sich auch ein, wenn man die fast 400 Meter ins Meer ragende Seebrücke in Sellin bis zum Ende abläuft. Seit einigen Jahren kann man von dort sogar trockenen Fußes ins Wasser abtauchen: Eine Tauchgondel bringt den verblüfften Besucher auf Augenhöhe mit – wohl nicht weniger erstaunten – Heringen und Quallen.

Noch lebhafter als in Sellin geht es im bekanntesten Inselort zu. Dass Binz eines der meistbesuchten Seebäder an der Ostsee ist, schlägt sich in der Hauptsaison vor allem in den Preisen nieder. Wer Design- und Wellnesshotels liebt, wird hier auf seine Kosten kommen. Bei weniger üppigem Budget empfehlen sich die ebenfalls reichlich vorhandenen Mittelklassehotels. Doch egal, wo man übernachtet, die verspielte weiße Bäderarchitektur kann jeder Gast genießen! Viele der gepflegten alten Villen lassen sich bei einem gemütlichen Bummel über die Strandpromenade bewundern.

Alles andere als ein gemütlicher Spaziergang ist für viele Urlauber dagegen der Besuch des Jagdschlosses Granitz. Die schwindelerregende Wendeltreppe, die frei schwebend an den Außenwänden des Turms auf eine

EINE TAUCHGONDEL BRINGT DEN VERBLÜFFTEN BESUCHER AUF AUGENHÖHE MIT – WOHL NICHT WENIGER ERSTAUNTEN – HERINGEN UND QUALLEN

Aussichtsplattform führt, ist nichts für Menschen mit Höhenangst. Doch wird man mit einem atemberaubenden Rundumblick über Rügen und die Ostsee belohnt!

Wem ein Ausblick ohne großen Nervenkitzel lieber ist, wählt besser einen der Türme von Kap Arkona für den Aufstieg. Für Frühaufsteher lohnt das kleine Fischerdorf Vitt auf dem Weg zu den Leuchttürmen einen Abstecher. Frühmorgens ist dort noch nicht viel los, und die Chancen auf frischen und geräucherten Fisch sind gut. Am Strand entlang kann man dann einfach weitergehen Richtung Kap. Der runde Leuchtturm dort ist etwa 35 Meter hoch – und immer noch in Betrieb. Hoch hinaus geht es auch in Prora: Dort lädt ein Baumwipfelpfad dazu ein, zwischen den Kronen von Buchen zu wandeln und den Blick aus 40 Metern Höhe über die Insel schweifen zu lassen.

TIPP

Auf dem Eiland Vilm südöstlich von Rügen geht es noch sehr ursprünglich zu. Nur wenige Besucher pro Tag dürfen nach Anmeldung auf die Insel übersetzen.

Vom Leuchtturm Dornbusch hat man einen herrlichen Ausblick. Ein wunderbares Fotomotiv ist er außerdem, vor allem abends!

7 HIDDENSEE · Stilles Kleinod mit Pferdekutschen

Hektik und Trubel sind auf der autofreien Insel Hiddensee Fremdwörter. Vor allem in der Nebensaison genießen Besucher die Stille, nur unterbrochen von den Rädern der Pferdekutschen, die das Gepäck der Urlauber transportieren. Hans Fallada schrieb hier seinen Roman *Kleiner Mann — was nun?*, Albert Einstein besuchte die Insel ebenso wie Sigmund Freud. Gerhart Hauptmann erwarb ein Haus, das bis heute Besuchern offen steht. In Kloster sollte man das bildschöne Tonnengewölbe in der Dorfkirche bestaunen. Ein Deichweg führt am Westufer entlang nach Vitte, wo die reetgedeckte »Blaue Scheune« ein Blickfang ist.

TIPP
Unbedingt dem Leuchtturm auf dem Bakenberg einen Besuch abstatten! Das Erklimmen der 102 Stufen wird mit einem Weitblick bis nach Dänemark belohnt.

8 USEDOM · Sommerfrische von Kaisern und Königen

Eine zwölf Kilometer lange Strandpromenade verbindet auf Usedom die »Kaiserbäder« Heringsdorf, Ahlbeck und Bansin miteinander. Das kleinste ist Bansin, das berühmteste Heringsdorf, nicht zuletzt wegen der imposanten Seebrücke. Das Prädikat »Kaiserbad« trägt der Ort mit Stolz, immerhin beherbergte er nicht nur große Schriftsteller wie Tolstoi und Fontane, sondern auch Kaiser Wilhelm II. regelmäßig. Bei der denkmalgeschützten Seebrücke in Ahlbeck handelt es sich noch um das Original von 1882. Der größte Badeort Usedoms avancierte dank des Besuchs von Schwedens Königin Silvia 2006 zum »Königinnenbad«.

TIPP
»Schätze am Wegesrand« bei den Kräuterwanderungen von Ina Schirmer entdecken. Drei-Gänge-Kräutermenü inklusive! www.kraeuterverbena.de

Die Halbinsel Lieper Winkel im Norden Usedoms scheint abgeschieden vor sich hin zu träumen. Anschauen erlaubt, nicht aufwecken!

Fast unwirklich erscheint der Strand an der Seebrücke von Ahlbeck im Morgenrot. Ein lohnendes Ziel für einen frühen Spaziergang!

3 DÄNEMARKS KÜSTEN

Landschaft des Lichts und der endlosen Traumstrände

Ungehindert schweift der Blick bis zum Horizont, während die Füße im feinen Sand versinken und unvergleichlich frische Seeluft die Lungen füllt. Im Land des Lichts und der endlosen Traumstrände stellt sich unweigerlich ein Gefühl von Freiheit und Abenteuer ein, während man bei einer ausgedehnten Strandwanderung in aller Ruhe darüber nachdenkt, was man als Nächstes unternehmen möchte. Vielleicht eine der wunderschönen dänischen Inseln besuchen? Bornholm oder Jütland? Oder lieber erst eine der alten Wikingersiedlungen? Auch die trubeligen Hafenstädte mit ihren Festungen und verwinkelten Gassen locken. So viele Entscheidungen! Da hilft eine Pause mit leckerem *Smørrebrød* und deftigen *Pølser*. Frisch gestärkt kann man sich dann erneut dem Reiseplan widmen – oder einfach weiter den Tag am Strand genießen …

Lønstrup/
Hjørring
Jammerbucht

Atlantikwall

Jütland

anø
ndø
Rømø

Ostseeinseln

Bornholm

Eine frische Brandung, weite
Strände, imposante Dünen –
all das findet man an der
dänischen Küste, wie hier am
Strand von Jütland.

1 JÜTLAND Eingerahmt von zwei Meeren

Jütlands Westküste ist ein Paradies für Wanderer, Strandfans und Muschelsucher. Spektakulär sind die Dünen,
die größte, Råbjerg Mile im Süden von Skagen, ist bis
zu 40 Meter hoch und bewegt sich jährlich rund 15 Kilometer nach Nordosten. Faszinierend auch der äußerste
Inselzipfel im Norden, wo sich Nord- und Ostsee treffen
und der Blick weit über Skagerrak und Kattegat schweift
– ein toller Ort zum Schiffegucken! Wem danach wieder
nach Stadtluft ist, besucht Aalborg, wo man an der Ha-
fenfront lecker maritim speisen kann.

TIPP

Bier nach Wikingerart gibt es im Museum von Lindholm
Høje, der alten Wikingersiedlung gegenüber von Aalborg, am Limfjord. *Skål!*

2 RØMØ, FANØ, MANDØ

Perlen im dänischen Wattenmeer

Nur drei Kilometer nördlich von Sylt liegt Dänemarks
südlichste Insel, vom Festland aus über den Rømø-Damm
zu erreichen. Glücksritter durchforsten vor allem nach
Stürmen den Sand nach Bernstein; ein zwei Kilogramm
schweres Prachtexemplar befindet sich im Naturcenter
Tønnisgård. Auch die Nachbarinsel Fanø ist geprägt
von Dünen, Salzwiesen und Heide. Hotspots fürs Surfer gibt es bei Sønderho und südlich von Rindby. Und
Mandø, die kleine Schwester von Rømø und Fanø, ist
nur bei Ebbe erreichbar und somit eine Oase der Ruhe.

TIPP

Beim Drachenfestival im September am Strand von
Rømø steigen zahllose filigrane Kunstwerke in die Lüfte.
www.römö.net/html/romo_drachenfestival.html

(1) Unerschrocken trotzt das Strandhaus bei Gammel Skagen den Elementen. Die gelben Häuser sind ortstypisch. Ganz in der Nähe liegt die Wanderdüne Råbjerg Mile. (2) Auf Rømø genießen auch Schafe die Seeluft. Sie weiden in den ausgedehnten Dünen und Salzwiesen der Insel im dänischen Wattenmeer.

(1) Schon fast vom Sand verschluckt: Leuchtturm Rubjerg Knude Fyr zwischen Lønstrup und Løkken. (2) Die Wanderdüne Rubjerg Knude markiert den höchsten Punkt der Steilküste von Lønstrup. (3) Die Bunkeranlagen in den Dünen sind Reste des Atlantikwalls.

3 JAMMERBUCHT

Bestimmt kein Grund zum Jammern

Früher strandeten oft Schiffe in der Bucht, woraus sich vermutlich ihr Name ableitet. Sie erstreckt sich von Hirtshals bis zum Bulberg. Dieser gewaltige Kalkfelsen ist ein echter Hingucker: Rund 47 Meter ragt er auf und ist besetzt von Seevögeln. Vor allem Dreizehenmöwen brüten hier dicht an dicht. Ähnlich lebhaft geht es zur Hochsaison an den Stränden der Jammerbucht zu. Besonders beliebt: der Badeort Blokhus, eine Touristenhochburg. Ausflüge führen zur Klosteranlage Børglum bei Løkken oder zum 57 Meter hohen Leuchtturm von Hirtshals.

TIPP
Seltene Mondfische kann man im Nordsee-Ozeanarium in Hirtshals bestaunen. de.nordsoenoceanarium.dk

4 LØNSTRUP UND HJØRRING

Fossile Schätze vom Meeresgrund

Das »Gold des Meeres« zieht Schatzsucher seit Jahrhunderten in den Bann: Aus uralten, längst versunkenen Wäldern stammt das fossile Harz, das als Bernstein auf dem Grund von Nord- und Ostsee ruht. Wer sich auf die Suche machen möchte – etwa zwischen Lønstrup und Hjørring –, hat die besten Aussichten nach Winter- oder Frühjahrsstürmen, wenn das Meer richtig aufgewühlt wurde. Ist gerade kein Sturm in Sicht, schaut man sich im Bernsteinmuseum Ravgården in Hjørring an, was sich aus Bernstein alles machen lässt.

GUT ZU WISSEN!
Bernstein muss nicht immer honigfarben sein! Er kann Farbnuancen von dunkelbraun bis rötlichgelb aufweisen.

5 ATLANTIKWALL

Relikte einer bewegten Vergangenheit

Bunker angucken? An der Westküste Dänemarks wird man immer wieder auf Überreste dieser Bollwerke aus Stahl und Beton stoßen. Hier verläuft ein Teil des Atlantikwalls, der 2700 Kilometer langen Verteidigungsfront, mit der die Nationalsozialisten die Küste von Südfrankreich bis nach Nordnorwegen vor einer Invasion der Alliierten schützen wollten. Eines der am besten erhaltenen Bunkerareale liegt in den Dünen bei Hanstholm. Sehr informativ: die Ausstellung im dortigen Museum.

TIPP

Am Spülsaum nach Seetang und braunschwarzen Holzstücken suchen. Wenn das sogenannte Sprockholz angespült wird, kann Bernstein dazwischen sein.

3

Auf Bornholm kann man fast überall direkt an der Küste entlanglaufen und baden. Auch für Kinder gibt es dabei viel zu entdecken!

6 BORNHOLM — Inselglück mit superfeinem Sand

Die vielleicht schönste Strandlandschaft Europas fängt gleich hinter dem Ferienhaus an: die unendlichen Dünen von Dueodde. Nirgends lässt es sich abgeschiedener in der Sonne liegen als hier. Selbst in der Hochsaison sind es nicht allzu viele Menschen, die durchs Bild laufen – hier ist wirklich genug Platz für alle. Ganz fein rieselt der Sand, der früher für Sanduhren verwendet wurde, durch die Finger. Völlig anders der Inselnorden, wo einsame Felsbuchten mit Blick auf die Erbseninseln Christiansø und Frederiksø und idyllische Küstenwege zum Wandern einladen. Nachmittags dann ein Ausflug zur markanten Ruine Hammershus an der Westküste. Und im Inselinneren lockt der Rundwanderweg in Paradisbakkerne.

TIPP
Proviant für unterwegs gefällig? Wie wäre es mit einem Stück Fisch aus einer der vielen Inselräuchereien?

7 OSTSEEINSELN — Ein Katzensprung bis Kopenhagen

Seeland, Fünen und Møn kennen viele nur von der Durchreise, doch jede dieser Inseln hat ihren eigenen Charme. Die größte, Seeland, sollte man schon deshalb einplanen, um ein paar Tage in Kopenhagen zu verweilen. Die lebhafte Hauptstadt Dänemarks wird aus guten Gründen regelmäßig als eine der »lebenswertesten Städte der Welt« bewertet. Um Fünen liegen im Meer verstreut etwa 100 Inselchen, ein Paradies sind sie auch für Wassersportler, die hier kein Gedränge fürchten müssen. Wer lieber auf Fünen bleibt, wird überall auf Spuren des Märchendichters Hans Christian Andersen stoßen. Auf Møn sind die berühmten Kreidefelsen ein Blickfang.

TIPP
Den Naturpark Maribo-Seen im Herzen Lollands erkunden. Einzigartig ist die Vogelwelt, sogar Seeadler brüten hier wieder! de.naturparkmaribo.dk

Jede Küste anders: Neben sanft abfallenden Sandstränden finden sich auf den Ostseeinseln Dänemarks auch schroffe, wilde Steilküsten.

4 SÜDSCHWEDEN

Südschwedens schönste Strände zwischen Malmö und Stockholm

Nirgends erscheint das Wasser blauer, der Himmel weiter, das eigene kleine Urlaubsglück abgeschiedener als in Südschwedens Schärengärten. In diese zauberhafte Inselwelt aus winzigen Eilanden mit ihren versteckten Badebuchten und schmucken falunroten Häuschen muss man sich einfach verlieben! Baden, tauchen, schwimmen, segeln, paddeln, sich in der Sonne aalen – alles, was am und im Wasser Spaß macht, ist möglich. Wer es nicht lange an einem Ort aushält, wechselt vielleicht auf eine der größeren Inseln wie Gotland oder Öland oder macht einen Abstecher aufs Festland, wo mittelalterliche Städtchen mit Cafés, Restaurants und netten Läden zu einem Bummel durch die verwinkelten Gassen einladen. Und überall genießt man den unvergleichlichen nordischen Sommer – einfach ein heiteres und entspanntes Lebensgefühl!

Stockholmer Schärengarten

Tanum

Schären um Göteborg

Gotland

Varberg

Mellbystrand

Öland

In den Sonnenuntergang hinein-
wandern und das Farbspektakel
am Abendhimmel genießen: So
endet ein Sommertag am Meer
in Südschweden.

Das historische Kaltbadehaus von Varberg, auf Stelzen im Meer gebaut, ist immer noch in Betrieb und lockt sogar mit einer Sauna.

1 VARBERG — Eine historische Wehrburg und ein Kaltbadehaus

Jahrhundertelang herrschte ziemlich dicke Luft zwischen Dänemark und Schweden. Schon im 13. Jahrhundert errichteten die Schweden daher eine Burg auf der Klippe am Kattegat oberhalb des Städtchens Varberg. Sein Name leitet sich vermutlich von »Wehrberg« ab. Geschichtsfans sollten die Wehranlage besichtigen, Freunde des kultivierten Badens dem orientalisch anmutenden Kaltbadehaus von 1903 einen Besuch abstatten.

TIPP
Sehenswert! Der Bockstensmannen im Burgmuseum, eine vollständig erhaltene Moorleiche aus dem 14. Jahrhundert. www.museumhalland.se/bockstensmannen

2 MELLBYSTRAND

Sandstrand, Kitesurfen und köstliche Flusskrebse

An der Mündung des Flusses Lagan breitet sich Mellbystrand aus, einer der beliebtesten Ferienorte in Schweden. Den zwölf Kilometer langen Sandstrand teilt sich Mellby mit Skummeslövsstrand. Hier ist reichlich Platz zum Baden, Sonnen, Kitesurfen oder einfach zum Chillen. Besonders romantisch und stimmungsvoll am Abend, wenn über dem Meer das dramatische Naturschauspiel des Sonnenuntergangs zelebriert wird.

TIPP
Beim traditionellen Kräftskiva im Juli Flusskrebse genießen, etwa im Strandhotellet. www.strandhotellet.com

(1) Die bunten Strandhäuschen in den Dünen von Mellbystrand werden an Touristen vermietet.
(2) Botschaften aus ferner Zeit: die faszinierenden Felszeichnungen von Tanum. (3) Nirgends wohnt man näher am Wasser als in den Schären; hier auf der Insel Tjörn, nicht weit von Göteborg.

3 TANUM — Geheimnisvolle Zeichen aus der Bronzezeit

Rund um Tanumshede an der Bohuslänküste gibt Kunst aus Urzeiten Rätsel auf: Auf den Felsen wimmelt es nur so von Zeichnungen, die unbekannte Künstler vor mehr als 3000 Jahren in den Stein geritzt haben. Damals befanden sich die Felsen noch am Ufer, inzwischen ist das Meer durch die skandinavische Landhebung ein Stück entfernt. Jagdszenen, Tiere, Menschen – die bronzezeitlichen Felszeichnungen gehören seit 1994 zum UNESCO-Weltkulturerbe.

TIPP
Im Freilichtmuseum von Vitlycke kann man auch schönen Schmuck kaufen. www.vitlyckemuseum.se

4 SCHÄREN UM GÖTEBORG

Eine Sommeridylle wie aus dem Bilderbuch

Typisch für die Schären um Göteborg sind schmucke Orte mit Holzhäusern in Rot und Weiß, felsige Buchten, Wiesen und Wälder. Tjörn ist so eine Bilderbuchinsel, der Fischerort Kyrkesund gibt jedem Gast das Gefühl, angekommen zu sein. Eine Nummer größer, aber genauso idyllisch ist die Nachbarinsel Orust mit ihren Schärengärten. Beide sind über Brücken miteinander verbunden.

TIPP
In Göteborgs altem Stadtviertel Haga gibt es schöne Kaffeehäuser zu entdecken.

Seit dem 19. Jahrhundert recken die Mühlen auf Öland ihre Flügel stolz in den Wind. Früher hatte fast jeder Hof seine eigene Mühle, heute bereichern sie auf ehrwürdige Art die Landschaft.

6 GOTLAND Zeitreise zurück ins Mittelalter

Nordöstlich von Öland liegt die größte schwedische Insel. Jedes Jahr im August strömen Zehntausende Besucher zur »Mittelalterwoche« nach Visby. Der ganze Ort verwandelt sich dann eine Woche lang in eine Hansestadt des 14. Jahrhunderts – Ritterturniere, Märkte, Straßentheater, Märchenerzähler, Feuershows inklusive! Aber auch zu jeder anderen Zeit ist Gotland mit seiner herrlichen Natur eine Reise wert. Für Sonnenanbeter bietet die Nachbarinsel Fårö den Sudersand, einen fantastischen Sandstrand.

GUT ZU WISSEN

Kaum zu glauben: Gotland hat seinen eigenen Wein! Es begann im Jahr 2000 als Experiment, inzwischen wachsen Tausende Rebstöcke. www.gutevin.se

5 ÖLAND Royale Sommerfrische mit Windmühlen

Hej! Välkommen auf Schwedens zweitgrößter Insel! Neben dem Meer und der Sonne ist es der Wind, der damals wie heute Menschen auf die Insel zieht, die über eine sechs Kilometer lange Brücke von Kalmar zu erreichen ist. Noch im 19. Jahrhundert standen auf Öland 2000 Windmühlen, fast 400 prägen bis heute das Landschaftsbild. Inzwischen nutzen vor allem Wind- und Kitesurfer die steife Brise, die so oft weht. Auch die schwedische Königsfamilie verbringt ihre Ferien gern auf dem sonnenverwöhnten Eiland. Lebhaft geht es in Borgholm mit seinen Cafés und Läden zu. Und an der Ostküste ragen die Kalksteinsäulen von Byrum Raukar auf.

TIPP

Leuchttürme Långer Jan und Långer Erik. Ersterer steht an der Südspitze, der zweite ganz im Norden. Der Blick von oben lohnt! www.oeland.net

7 STOCKHOLMER SCHÄRENGARTEN

Inselreich vor der eigenen Tür

Vor der Haustür der schwedischen Hauptstadt liegen Tausende von Inseln und Inselchen: der Stockholmer Schärengarten. Die meisten Eilande sind klein und unbewohnt, können aber mit dem Boot angesteuert werden. Die größeren Inseln dienen den Stockholmern als Wochenend- und Feriendomizil. Wie auch die weiter südlich gelegenen Schären bieten sie Urlaubern alle Annehmlichkeiten: herrliche Natur, landestypische Unterkünfte, sportliche Aktivitäten – und das Wichtigste: unbeschwertes, nordisches Sommer-Feeling!

TIPP

Schärenhopping! Wer kein festes Quartier auf einer Insel buchen will, kann per Mehrtagesticket von Schäre zu Schäre »hüpfen«. www.waxholmsbolaget.se

Ein idyllischer Sitzplatz, leise ans
Ufer schlagende Wellen und ein
herrlicher Sonnenuntergang –
mehr Feriengefühl geht nicht.

Irgendwo findet man in Skandi-
navien immer einen Strand, an
dem man fast alleine das Meer,
den Himmel und den Sand
genießen kann.

Isles of Scilly

Cornwall

Dartmouth

Exmouth

Bournemouth

Isle of Wight

Broadstairs

5 DIE KÜSTE SÜDENGLANDS
Potpourri aus Gärten und Stränden, Farben und Düften

Die südwestliche Ecke Englands ist so britisch wie der Rest des Vereinigten Königreichs, und dennoch wähnt man sich manchmal unvermittelt in der Karibik: Solche Sandstrände gehören doch nach Jamaika! Und erst das Meer, all diese Abstufungen von hellem Türkis bis Tiefdunkelblau, man kann sich nicht sattsehen daran. Ganz zu schweigen von der Wonne, darin zu schwimmen! Die exotischen Blumen und Gärten können den einen oder anderen Besucher dann vollends in geografische Verwirrung stürzen. Genau das ist typisch Südengland – ein Kaleidoskop von Farben und Düften, Gärten und Landsitzen, Bilderbuchstränden und bildschönen Cottages, Surfer-Hotspots und Segelrevieren, Tea Time und Folk. Also rein in die Entdeckerstiefel, die Badesachen nicht vergessen und sich beherzt auf den Weg »zu neuen Ufern« machen!

Sanft umschäumt das Meer die Felsen vor Lizard Point. Cornwalls tiefster Süden ist zugleich der südlichste Punkt Großbritanniens.

(1) Spektakuläre Ausblicke bieten die Sandsteinkliffs von Alum Bay. (2) Beim entspannten Inselhopping lassen sich die Scillys am besten erkunden. Das Meer ist überall traumhaft türkisblau! (3) Bei Ebbe liegen die Fischerboote im Hafen von Broadstairs auf dem Trockenen.

1 ISLE OF WIGHT Great Britain im Kleinformat

Nur ein schmaler Seitenarm des Ärmelkanals, der Solent, trennt die Isle of Wight vom britischen Festland. Mit dem Luftkissenboot braucht man für die Überfahrt von Portsmouth nach Ryde nur knapp zehn Minuten. In Newport, dem Zentrum der Insel, lädt die High Street mit ihren Boutiquen, Cafés und Restaurants zum Flanieren ein. Und in der Nähe wartet Carisbrooke Castle auf historisch Interessierte. Wer lieber Natur genießen möchte, sollte im Norden mit den steil abfallenden Sandsteinfelsen von Alum Bay beginnen.

TIPP
Jährlich im Juli zieht der renommierte Admiral's Cup, im August die Regatta Cowes Week Segelfans aus aller Welt in die kleine Hafenstadt Cowes.

2 ISLES OF SCILLY Mildes Klima dank Golfstrom

Auf den Isles of Scilly herrscht das mildeste Klima in ganz Großbritannien, im Schnitt scheint 1800 Stunden im Jahr die Sonne. Türkisblaues Meer, weiße Sandstrände, urige Cottages und üppige Gärten findet man auf der Hauptinsel St. Mary's, die gerade mal fünf Kilometer lang und drei Kilometer breit ist. In Hugh Town im Südwesten widmet sich das Isles of Scilly Museum Land und Leuten. Von hier erreicht man mit dem Boot in 20 Minuten Tresco, die zweitgrößte Insel der Scillys. Vom Hauptort New Grimsby führt ein schöner Weg nach Tresco Abbey mit dem berühmten Garten.

TIPP
Ein Highlight für Wanderfreunde ist das jährlich im April auf allen Inseln stattfindende Festival Walk Scilly.

3 BROADSTAIRS Sieben Buchten auf einen Streich

Das malerische Städtchen liegt in der Grafschaft Kent auf der Isle of Thanet, die heute nur noch durch zwei kleine Flussläufe vom Festland getrennt ist. Seiner Lage verdankt Broadstairs gleich sieben einmalig schöne Buchten. Die berühmte Botany Bay mit ihren riesigen Kreidefelsen diente schon oft als Filmkulisse, und auch Charles Dickens, der hier gern seine Sommerurlaube verbrachte, war begeistert von diesem Ort. In Broadstairs kann man das Dickens House Museum besuchen und auf den Spuren des Dichters wandeln.

TIPP
Drei Festivals locken in Broadstairs Besucher an: das Charles Dickens Festival im Juni, die Broadstairs Folk Week im August und das Food Festival im Oktober.

Zwischen Tintagel und Port Isaac wartet Nordcornwall mit rauem Charme und Überraschungen wie dem winzigen Ort Trebarwith Strand auf.

4 BOURNEMOUTH

Tagsüber Strandfreuden, abends Partylife

Längst mit den Nachbarorten Poole im Westen und Christchurch im Osten zusammengewachsen, bietet das hippe Seebad viel Abwechslung. Der Strand von Bournemouth zählt hinsichtlich Wasserqualität zu den besten des Landes. Kein Wunder, dass Scharen von Wassersportlern sich einfinden, sobald die Temperaturen es zulassen! Abends laden Clubs und Discos zum Feiern ein.

TIPP

Christchurch Road: eine gute Adresse zum Shoppen, Flanieren, für einen Drink oder Kaffeepause.

5 EXMOUTH   Hier sind Wassersportler goldrichtig

An der Mündung des River Exe gelegen, ist Exmouth ein Eldorado für Wassersportler: rudern, schwimmen, schnorcheln, tauchen, segeln, Kajak oder Jetski fahren. Im Sommer hat das Meer durch die Nähe zum Golfstrom karibische 25 Grad, der Sandstrand ist lang und flach. Wer lieber wandert, darf sich über den 150 Kilometer langen Küstenstreifen Jurassic Coast freuen, der in Exmouth beginnt und bei Swanage im Osten endet.

TIPP

Jurassic Coast: Wie der Name verheißt, dürfen Dino-Detektive hier auf Fossilien aus Urzeiten hoffen.

(1) Die roten Sandsteinklippen von Exmouth sind Teil der an Fossilienfunden reichen Jurassic Coast. (2) Pier und Beach von Bournemouth bieten gepflegte Strandidylle. (3) Stimmungsvoll und auch bei den britischen Prinzen beliebt: der Hafen von Dartmouth bei Nacht.

6 DARTMOUTH

Vom strategisch bedeutenden Hafen im Mittelalter zum Mekka für Segler

Die alte Hafenstadt in der Grafschaft Devon gilt schon lange als Topadresse für Segler. Im 12. Jahrhundert stachen von hier aus die Schiffe zu den Kreuzzügen in See, heute werden im Britannia Royal Naval College, das über der Stadt thront, die Offiziere der britischen Marine ausgebildet. Auch die Windsor-Prinzen! Die Altstadt mit ihren schmucken Fachwerkhäusern und engen Gassen hat sich viel von ihrem Charme bewahrt.

TIPP
Ende August treffen sich Segler und Zuschauer zur jährlichen Regatta Port of Dartmouth Royal.

7 CORNWALL
Romantik trifft Historie: König Artus lässt grüßen

Englands südwestlichste Ecke hat zwei Gesichter: blühende Landschaft und schroffe Meeresküste. Auf Besucher warten St. Michael's Mount vor Marazion, der Badeort St. Ives mit seiner Künstlerkolonie, die aus der Artuslegende bekannte Burg Tintagel oder der Surf-Hotspot Newquay im Nordwesten. Wer gern wandert, ist auf dem Cornell Coast Path goldrichtig – einen schöneren Weg entlang der wildromantischen Küste gibt es nicht.

TIPP
Cornish Pasty, eine mit Rindfleisch, Kartoffeln, Zwiebeln und Rüben gefüllte Teigtasche – köstlich!

6 FRANKREICHS ATLANTIKKÜSTE

Ungebändigt, wild und sonnendurchglüht

Wenn die Atlantikwogen mit ungebändigter Kraft heranrollen, sich schäumend an den Felsen brechen, Vorhänge aus Gischt über Strand und Klippen ziehen, Salz auf Lippen und Haut legen, dann spürt man sie ganz unmittelbar, die belebende Energie, die ein Tag am Meer verleihen kann. Die französische Atlantikküste ist für ihre Ursprünglichkeit und Wildheit ebenso berühmt wie für sonnendurchglühte, windstille Tage. Genau richtig für alle diejenigen, die Abwechslung lieben! Pittoreske Fischerorte, atemberaubende Klippen, Wanderwege durch eine so vielfältige Landschaft, dass man gar nicht weiß, wie viele Ausflüge man dafür einplanen soll, baden, bummeln, surfen, angeln, segeln, faul am Strand liegen, Meeresschnecken sammeln, die regionale Küche auskosten … Jeder Tag wird so zum perfekten Urlaubstag!

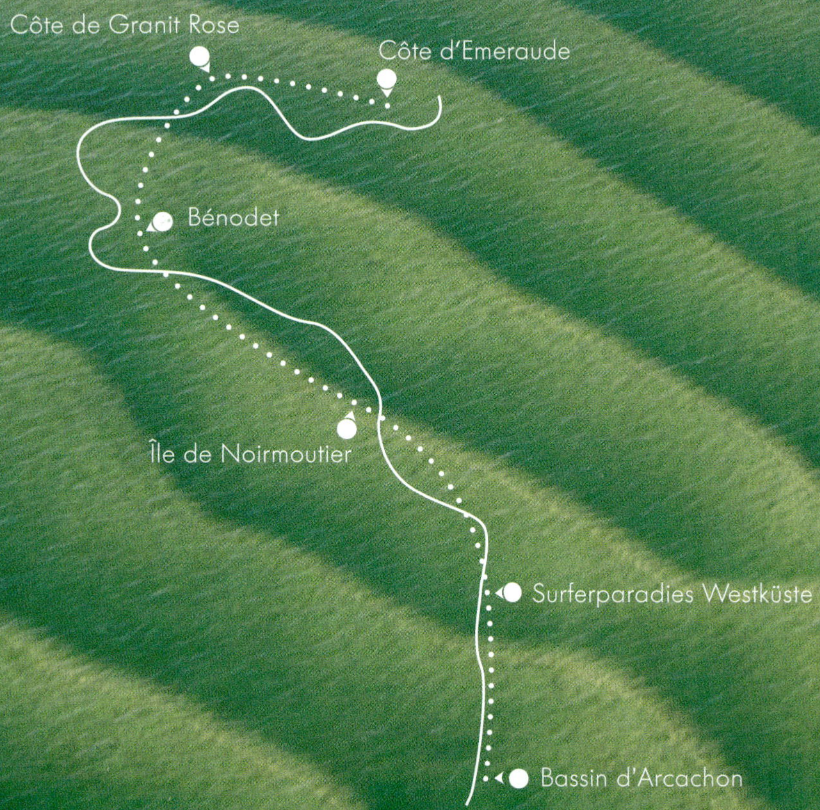

Côte de Granit Rose

Côte d'Emeraude

Bénodet

Île de Noirmoutier

Surferparadies Westküste

Bassin d'Arcachon

In so intensivem Smaragd-
grün leuchtet das Meer in der
Bucht von Arcachon, dass man
einfach nur in die klaren Fluten
eintauchen möchte.

Banzeau, eines der ältesten
Viertel von Noirmoutier, entzückt
durch malerische Häuser mit
hübsch gestrichenen Fenstern
und Türen.

1 CÔTE D'ÉMERAUDE

Smaragdgrünes Meer gepaart mit Savoir-vivre

Ein Ort wie aus einem Hollywood-Klassiker: Dinard, das »Nizza des Nordens«. Angesichts schicker Villen, Jachtclubs und Spielcasino erwartet man fast, Grace Kelly und Cary Grant zu begegnen. Hier weiß man gut zu leben! Eine ganz andere Welt tut sich dem Betrachter am Cap Fréhel auf. Die Klippen sind Brutgebiet seltener Seevögel. Hoch oben über dem Meer hält das Fort La Latte seit dem Mittelalter Wache.

TIPP

Die Austern von Cancale sind weltberühmt. Unbedingt probieren, z. B. im L'Atelier de L'Huitre (15 quai Gambetta)

2 CÔTE DE GRANIT ROSE

Eine Landschaft, von Meer und Wind geformt

Wenn die Sonne die ohnehin schon rötlich schimmernden Granitfelsen zwischen Paimpol und Trébeurden in ihre warme Glut taucht, wähnt man sich in einer surrealistischen Traumlandschaft: Die Côte de Granit Rose, bretonisch Aod ar Vein Ruz, ist eines der landschaftlichen Highlights der Bretagne. Die bizarren Felsformationen erinnern an Bilder des Künstlers Salvador Dalí – und man kann darin herumlaufen!

TIPP

Eine Wanderung auf dem alten Zöllnerpfad (GR 34) bietet dramatische Ausblicke über Klippen und Meer.

(1) Die Côte de Granit Rose: Unzählige rötliche Felsen dominieren die Küstenlandschaft der Bretagne. (2) Sonnenaufgang über Hafen und Leuchtturm von Bénodet: Zu dieser frühen Stunde liegt ein besonderer Zauber über dem Ort. (3) Auch an der berühmten Côte d'Émeraude findet man einsame Strände.

3 BÉNODET Geheimtipp für Genießer und Entdecker

Der kleine Badeort an der Mündung des Odet glänzt mit fantastischen Stränden und einem großen Angebot an Aktivitäten wie Wassersport, Reiten, Radeln, Wandern und Golfen. Weil Sport hungrig macht, darf man ungehemmt schlemmen – süße Crêpes oder herzhafte *Galettes*? Beides! Die leckeren Spezialitäten wurden in der Bretagne erfunden. Dazu passt ein Glas Cidre.

TIPP

Von Bénodet aus fahren im Sommer Boote zum Glénan-Archipel. Die Inseln stehen komplett unter Naturschutz und betören mit ihrer unverfälschten Flora und Fauna.

4 ÎLE DE NOIRMOUTIER

Kleines Paradies im Atlantik

Bei Ebbe ist Noirmoutier zu Fuß zu erreichen. Aber ein wenig sputen sollte man sich schon, denn die Flut kommt schnell und gewaltig! Auf der Insel entschleunigt sich dann alles wie von selbst, hier lebt man vom Meer und im Rhythmus der Gezeiten. Schlichte, aber gute Küche, Meeresfrüchte höchster Qualität und die teuersten Kartoffeln der Welt, die mit Seetang gedüngten *Bonnotte*.

TIPP

Mimosen blühen hier dank des milden Klimas oft schon im Februar und verwandeln die Insel in ein Blütenmeer.

Einfach chillen, Cidre trinken oder Austern schlürfen – vielleicht auf der Terrasse einer Strandbar in der Bucht von Arcachon.

5 BASSIN D'ARCACHON

Paradies zwischen Land und Meer

Der würzige Duft von Pinienwäldern, Salzwiesen und Heideland durchzieht die sonnenwarme Luft, Lagunen und feine Sandstrände prägen das Bild am Wasser: Das Bassin d'Arcachon im Südwesten Frankreichs ist ein Eldorado für Ökotouristen. Paradebeispiele für unverfälschte Natur sind der Naturpark Landes de Gascogne und das Vogelschutzgebiet Le Teich. Also Fernglas einstecken und auch zum Ausflug auf die Dune du Pilat mitnehmen! Die größte Wanderdüne Europas ist bis zu 115 Meter hoch. Nach dem Aufstieg wartet zur Belohnung ein Traumblick auf die Halbinsel Cap Ferret mit dem imposanten Leuchtturm.

TIPP
Mit einer Pinasse, dem traditionellen Holzboot, das Bassin erkunden. www.bateliers-arcachon.com

6 SURFERPARADIESE AN DER WESTKÜSTE

Im Bann von Wind und Wellen

An Frankreichs westlicher Atlantikküste sind die Wellen so hoch, dass ihr Anblick jedes Surferherz höher schlagen lässt. Ideale Windverhältnisse, hohe Wellen und dazu Flachwasserbereiche bieten Windsurfern beste Bedingungen. Angesagte Spots reihen sich an der Küste Aquitaniens wie Perlen an einer Schnur auf. An manchen Stellen herrscht starke Strömung, deshalb unbedingt die Warnhinweise beachten! Das Städtchen Mimizan hat sich ganz dem Surfsport verschrieben. Weitere großartige Spots sind Biscarrosse, Hossegor und Capbreton.

TIPP
Jährlich im Oktober findet in Hossegor die 9. Etappe der Surf-Weltmeisterschaft statt. Zusehen und staunen!

7 PORTUGALS KÜSTEN

Paradies für Sonnenhungrige und Aktivurlauber

Im Strandcafé in ein *Pastel de Nata* beißen, dazu einen *Galão* trinken und der Brandung lauschen: So sieht das Glück aus in Portugal. Die vielen Sonnenstunden und die moderaten Preise tun ein Übriges, um Mitteleuropäer davon zu überzeugen, immer wieder hierherzukommen. Die Ideen für die nächste Reise gehen hier wirklich nie aus: Zum Baden gibt es liebliche und schroffere Küsten, zum Surfen die besten Wellen Europas, für Golfer topgepflegte Plätze, für Wanderer sanftes Hügelland mit Windmühlen am Wegesrand, mit Lissabon eine der angesagtesten Städte Europas und für Inselfreunde: Madeira! Und überall stehen einem freundliche Menschen zur Seite. Auf ihren großen Nachbarn Spanien sollte man sie zwar nicht unbedingt ansprechen, auf Cristiano Ronaldo schon.

Costa da Prata

Cabo da Roca

Lissabon

Sesimbra

Cabo São Vicente und Costa Vicentina

Ponta da Piedade

Parque Natural da Ria Formosa

Praia da Falésia

Algarve

Naturgewalt: meerumspülte
Felsen am abgeschiede-
nen Praia da Ursa, dem
„Bärenstrand". Er gilt als einer
der schönsten Portugals.

Rund um den Cabo da Roca führen Wanderwege dicht an der Steilküste entlang, der Ausblick ist von jedem Punkt aus fantastisch.

1 COSTA DA PRATA

Brandung für Windsurfer und Fisch für alle

Bis zu 30 Meter hohe Rekordwellen haben den Strand von Praia do Norte in Surferkreisen berühmt gemacht. Doch auch andere Feriengäste finden Gefallen an den schönen Stränden rund um die Fischerstädte Nazaré und Peniche. Während man an der Strandpromenade auf köstlichen Fischeintopf wartet, kann man den waghalsigen Surfern auf dem Wasser zuschauen.

TIPP

Eine Wohltat für Körper und Seele: das Surf- und Yoga-Retreat in Peniche. www.apura-yoga.com/de

2 RUND UM LISSABON

Strand und Kultur – die »Sonnenküste« Lissabons

Nur etwa 30 Kilometer von Portugals Hauptstadt entfernt liegen die Strände von Estoril und Cascais. Hier ist die Brandung ungefährlicher als an der Westküste. Gegensätze machen den Reiz aus: Fischerboote und Jachten liegen dicht beieinander am Ufer. Den hübschen Fischerhafen Cascais besuchen Ausflügler genauso wie die Königsfamilie – die natürlich eigene Badebuchten hat.

TIPP

Das beste Eis in Cascais ist seit 1949 das von Santini. Anstellen lohnt sich! www.santini.pt

(1) Majestätische Rochen im Oceanarium in Lissabon. (2) Karneval in Sesimbra. (3) Das schöne Hotel Casa das Mares bei Peniche.

3 SESIMBRA Frischer Fisch und Nationalpark mit Aussicht

Wo könnte *Arroz de Marisco* frischer sein als in Sesimbra, wo sich bunte Fischerboote am Ufer wiegen und Meeresfrüchte direkt vom Kutter verkauft werden? Kein Wunder, dass Scharen portugiesische Urlauber und Tagesausflügler im Sommer in die kleine Stadt strömen. Wer die Strände, den Nationalpark und die Fischrestaurants mit mehr Ruhe erleben möchte, sollte deshalb besser im Frühling oder Herbst kommen.

TIPP

Den Arrábida-Nationalpark beim Wandern, mit Mountainbike oder Auto erkunden. www.sesimbraportugal.net

4 CABO DA ROCA

Möwengeschrei am äußersten Rand Europas

Der westlichste Zipfel des europäischen Festlandes empfängt Besucher mit dramatischem Reiz: verlassen, schroff, stürmisch. Nur das Geschrei der Möwen ist zu hören. Länger hält sich hier fast niemand auf, aber man sollte sich die Zeit nehmen, um ein Foto zu machen, den Gedenkstein zu lesen und im Café bei einem *Galão* die Stimmung der Landschaft nachklingen zu lassen.

TIPP

Von der Praia Grande in Cascais zum Cabo da Roca wandern. Dinosaurierspuren inklusive!

5 ALGARVE

Sonne ohne Ende und beste Bedingungen für Surfer

Unzählige Sonnenstunden, sensationelle Wellen für Surfer, feinsandige Strände und bizarre Felsformationen: Der Süden Portugals ist nicht ohne Grund ein beliebtes Ganzjahresziel. Wer Wert auf Bewegung außerhalb des Wassers legt, sollte die Monate Juli und August allerdings meiden – die Hitze kann dann lähmend sein. In den versteckten Buchten von Faro oder auf der Ilha Faro, einer südwestlich gelegenen kleinen Insel, lässt es sich natürlich trotzdem gut aushalten! Auch die historische Altstadt von Faro, die Cidade Velha mit ihren maurischen Einflüssen, lädt zur Erkundung ein. Ausflüge ins sehenswerte Hinterland sind ganz früh im Jahr vielleicht am schönsten, wenn die Mandelbäume blühen.

TIPP

Unterhaltsame Reiselektüre ohne Blutorgien, aber mit viel Lokalkolorit! In *Lost in Fuseta* von Gil Ribeiro wird ein norddeutscher Kommissar an die Algarve versetzt.

Praia da Rocha bedeutet übersetzt »Strand der Felsen« und beschreibt den 1,5 Kilometer langen Küstenabschnitt an der Algarve. Schöne kleine Wege führen zum steinigen Badestrand.

Mythische Kulisse: Cabo São
Vicente gilt schon seit der
Steinzeit als heiliger Ort – auch
heute noch nimmt einen die
Atmosphäre hier gefangen.

Der Leuchtturm von St. Vicente hat das stärkste Leuchtfeuer Europas. Er wirft sein Licht über den Atlantik Richtung Amerika.

6 CABO SÃO VICENTE UND COSTA VICENTINA

Karge Küste für Outdoor-Fans und Aussteiger

An der Costa Vicentina, der Westküste der Algarve am Atlantik, geht es rauer zu als am freundlichen Mittelmeer. Wortkarger die Einheimischen, ruppiger der Wind, kühler das Wasser – wegen eines reinen Strandurlaubs verirrt sich niemand hierher. Für Wanderer, Angler, Surfer und Paraglider ist die Westalgarve dagegen ein Paradies. Und für viele Aussteiger, die sich hier schon vor vielen Jahren niedergelassen haben und alternative Lebensformen erproben. In Odeceixe zum Beispiel, einem beschaulichen Ort im Hinterland mit roten Dächern und einer Windmühle, dessen Strand Praia de Odeceixe vor einigen Jahren zu Recht zu einem der schönsten Strände Portugals gewählt wurde. Oder in Aljezur, wo man unbedingt der kleinen Markthalle einen Besuch abstatten sollte, in der regionale Spitzenprodukte wie Süßkartoffeln, Erdnüsse und frischer Fisch zu bezahlbaren Preisen angeboten werden.

Frisch gestärkt kann man sich dann aufmachen zur Südwestspitze der Algarve. Dort warnt der Leuchtturm im Kastell Fortaleza de São Vicente Seeleute davor, zu nah an die gefährliche Küste heranzufahren. Sein Licht reicht 60 Kilometer auf den Atlantik hinaus! Wer sich als Besucher von der Landseite her bis an die steile Klippenkante wagt, erblickt tief unten einen einsamen Felsen in der schäumenden Gischt: den verlorenen Finger des São Vicente. Die Legende besagt, dass die Leiche des gefolterten Märtyrers und heutigen Schutzpatrons Portugals 779 an die Küste gespült wurde, die heute nach ihm benannt ist. Nach Westen hin ist vom Cabo aus nichts als Wasser zu sehen, nach Norden erspäht man in der Ferne breite Sandstrände. Im Südosten ragt eine

> NACH WESTEN HIN IST VOM CABO AUS NICHTS ALS WASSER ZU SEHEN, NACH NORDEN ERSPÄHT MAN IN DER FERNE BREITE SANDSTRÄNDE

andere schroffe Klippe ins Meer, die »Ponta de Sagres«. Sagres selbst ist ein sehenswertes Städtchen mit einem schönen Hafen und entspannter Atmosphäre. Das unter Naturschutz stehende, wilde Biotop zwischen dem Kap und Sagres erkundet man am besten bei einem geführten Spaziergang. Seltene Pflanzen findet man hier und vom Aussterben bedrohte Vögel – darunter Adler und Geier –, die im Herbst Vogelkundler aus aller Welt anlocken. Mit dem Fernglas erhascht man vielleicht sogar einen Blick auf die Fischotter, die tief unten im Meer nach Fisch jagen.

TIPP

Wer genug hat vom kalten Wasser des Atlantiks, kann sich in den Thermalbädern des malerischen, kleinen Kurortes Monchique aufwärmen. www.monchiquetermas.com

Im Naturpark Ria Formosa ist nicht nur die Landschaft bemerkenswert. Man kann in eigens angelegten Unterständen auch gut versteckt Tiere beobachten – mit etwas Glück vielleicht sogar die Purpurralle!

8 PONTA DA PIEDADE

Im Bann der untergehenden Sonne

Portugals vielleicht meistfotografiertes Motiv ist eine atemberaubende Felsklippenlandschaft. Wind, Salz und Wasser haben die zerklüfteten Formationen der Ponta da Piedade geschaffen. Die Höhlen und Grotten darin sind mit dem Boot oder dem Kajak zu erkunden – natürlich nur mit der Hilfe orts- und gefahrkundiger Einheimischer. Von außen führen Pfade auch zu Fuß an die Grotten und Spalten. Wer einen Tag hier verbringt, sollte auf jeden Fall bis zum Sonnenuntergang bleiben, denn der ist spektakulär!

TIPP

In Portugal auf den Spuren der Römer wandeln: Römische Siedlungsreste können unter anderem in Cerro da Vila bei Vilamoura besichtigt werden.

7 PARQUE NATURAL DA RIA FORMOSA

Refugium für Vögel und Naturfreunde

Sandbänke trennen den Naturpark in der südöstlichen Algarve vom offenen Meer. In der Lagune sind seltene Vögel zu Hause, Zugvögel rasten in den Salzmarschen, Sanddünen, Pinienwäldchen und im Watt. Seit Barack Obama Präsident war, hat man vielleicht auch schon einmal vom pudelähnlichen Portugiesischen Wasserhund gehört, der hier gezüchtet wird. Wen es nach so viel Tier und Natur wieder zur Kultur zieht, fährt nach Faro. Die Altstadt ist sehr hübsch – und es sind mehr Einheimische als Touristen unterwegs!

TIPP

Vom Boot aus lässt sich die Ria Formosa am besten erkunden. Es gibt Touren für Hobbyornithologen und Delfinfreunde. www.natura-algarve.com/de

9 PRAIA DA FALÉSIA

Abendliches Schauspiel am Strand

Der Strand Praia da Falésia nahe Albufeira verändert sich fast ständig. Das liegt daran, dass der Sandstein der hohen Klippe dahinter langsam, aber sicher bröckelt und verschwindet. Das Abendlicht dagegen kehrt immer wieder, es taucht den Strand jeden Tag in ein Feuerwerk aus allen erdenklichen Rottönen. Die Portugiesen selbst kommen hierher, um das Farbwunder zu bestaunen, aber auch, um entspannte Tage am flachen Sandstrand zu genießen. Ideal zum Plantschen und relaxten Treibenlassen auf dem Wasser!

TIPP

Die Tauchschule Indigo Divers in Albufeira bietet Tauchkurse an verschiedenen Locations für Anfänger und Könner an. http://indigo-divers.pt

Die bizarren Küstenformationen, Buchten und Grotten der Algarve lassen sich vom Wasser aus im Kajak besonders gut erkunden.

Wochenendvergnügen für Einheimische: entspanntes Strandleben mit Sonnenbad und Fußball am sanft abfallenden Praia Falésia.

8 MADEIRA

Immergrüne Sehnsuchtsinsel im Atlantik

Schon Kaiserin Sissi war glücklich auf der Sehnsuchts-insel vieler Reisender. Das mag damit zu tun gehabt haben, dass Madeira – anders als die Kanaren – nicht mit kargen Vulkanlandschaften aufwartet, sondern saftig grün ist. Bei milden Temperaturen und relativ viel Regen blühen das ganze Jahr über wilde Blumen, es duftet nach Eukalyptus und Lorbeer, und englische Gärten laden zum Flanieren ein. Strände gibt es hier zwar kaum, aber wer auf die portugiesische Insel kommt, sucht ohnehin etwas anderes: schöne Wanderrouten entlang der alten Bewässerungsläufe, der *Levadas*, zum Beispiel. Oder die traumhaften Aussichten von den *Miradores*. Manch einer möchte vielleicht auch auf den Spuren des Fußballstars Cristiano Ronaldo wandeln, der hier geboren ist. Oder endlich mal den berühmten milden Madeira-Wein probieren?

Porto Santo

Calheta
Ponta Delgada
Funchal
Garajau
Ponta do Sol

Sand ist rar auf Madeira.
Der für den hellen Strand bei
Calheta wird jedes Jahr neu
aufgeschüttet.

4 PONTA DELGADA

Badevergnügen im Meerwasser-Pool mit Rutsche

Wer auf der Küstenstraße im Norden Madeiras unterwegs ist, kommt an Ponta Delgada nicht vorbei. Da liegt es doch nahe, sich gleich ein nasses Vergnügen zu gönnen und in den Meerwasserpool zu springen! Am ersten Wochenende im September wird es allerdings eng, denn dann strömt die halbe Insel zum Pilgerfest hierher. Geschmückte Straßen und viel Trubel erwarten die Besucher. Einfach mitfeiern!

TIPP
Hübsch: *Quintas* (Gutshäuser) wie die zu einem Hotel umgebaute Casa da Capelinha in Ponta Delgada. www.casadacapelinha.com

5 CALHETA   Sandstrand und preisgekrönte Architektur

Auf zwei Sehenswürdigkeiten sind die Einwohner des Badeortes Calheta besonders stolz: den Sandstrand, dessen Grundstoff alljährlich aus Marokko herangeschafft wird. Und das Museum für zeitgenössische Kunst. Der Architekt Paulo David hat ein faszinierendes, futuristisches Gebäude geschaffen, dessen Seite zum Meer hin eine Glasfront hat. Die Ausstellung tritt bei dieser Aussicht fast in den Hintergrund ...

TIPP
Im Bezirk Calheta wird Mitte September zwei Tage lang das Apfelfest gefeiert. www.visitmadeira.pt

(1) Der Botanische Garten oberhalb von Funchal beherbergt etwa 2000 exotische Pflanzen und hat ganzjährig eine Blütenpracht zu bieten. (2) Der kleine Ort Punta Delgada wird vom Meer beinahe umzingelt. (3) Seit 2007 kann man bequem mit der Seilbahn 200 Meter hinabfahren zum schönen Strand von Garajau bei Canico.

6 FUNCHAL   Gepflegtes Nichtstun oder Abenteuer auf dem Wasser

Wer sich nicht einfach durch die Gassen, die Markthalle und die Cafés der Hauptstadt treiben lassen möchte, findet in Funchal auch außergewöhnliche Freizeitaktivitäten. Paragliding zum Beispiel. Oder Sportfischen! Im Sommer ziehen Schwärme von Blue Marlins an der Südküste vorbei – dann heißt es Angler gegen Fisch. War der Kampf erfolgreich, wird die Angelschnur aber auf jeden Fall wieder durchgeschnitten!

TIPP
Ein Besuch im zauberhaften Garten der englischen Adelsfamilie Blandy mit Tee am Seerosenteich! www.palheirogardens.com

7 GARAJAU   Auf du und du mit Mantas und Zackenbarschen

Einen schöneren Ort zum Baden und Tauchen gibt es auf Madeira kaum. Bis vor wenigen Jahren war der Strand von Garajau nur zu Fuß über einen steilen Küstenweg zu erreichen. Heute bringt eine Seilbahn die Sommergäste nach unten. Mit der Taucherausrüstung, die man vor Ort leihen kann, lässt sich auch die Unterwasserwelt ganz aus der Nähe betrachten – wenn man Glück hat, inklusive Rochen und Papageienfischen!

TIPP
Die Christus-Statue in Garajau stammt aus den 1920er-Jahren und ist ein beliebtes Fotomotiv.

8 PONTA DO SOL
Sonnenuntergang zum Dessert

Einer der hübschesten und sonnenreichsten Orte liegt im Süden der Insel. Seit eine Umgehungsstraße den Verkehr am Ort vorbeilenkt, ist es in Ponta do Sol noch ein wenig ruhiger geworden. An den Hängen der Schlucht wuchs früher Zuckerrohr, heute werden dort Bananen angebaut. Literaturinteressierte werden sich im Kulturzentrum John dos Passos umsehen wollen. Gegen Abend sollte man die gute Hausmannskost im Restaurant Poente genießen – den Sonnenuntergang, der den Ort in ein orangefarbenes Licht taucht, gibt es gratis dazu!

TIPP
Eine schönere Aussicht kann ein Hotelpool kaum haben. Wer es sich leisten kann, sollte ein paar Tage im Designhotel residieren. www.pontadosol.com

9 PORTO SANTO
Zum Urlaubsausklang auf die Insel

Wem auf Madeira Sandstrände fehlen, der sollte ein paar Tage auf Porto Santo verbringen. Als Kontrastprogramm und erholsamer Abschluss nach einem Wanderurlaub ist die Insel wie geschaffen: Über mehr als acht Kilometer erstreckt sich der Sandstrand, an dem man sich in der Sonne aalen und auch sportlichen Aktivitäten nachgehen kann. Schön ist eine Strandwanderung von Vila Baleira nach Pontado Calheta. Danach kann man sich im Fischrestaurant O Calhetas stärken, bevor es mit dem Bus an den Ausgangspunkt zurückgeht.

TIPP
Die zweistündige Überfahrt von Funchal aus kann bei schlechtem Wetter unruhig werden. Spucktüten liegen bereit! Tickets: www.portosantoline.pt

(1) Eines der schönsten Hotels auf Madeira, das Estalagem da Ponta do Sol, bietet auch von drinnen einen fantastischen Ausblick über die Südwestküste.

(2) Um einen solchen Sandstrand zu genießen, sollte man für den Madeira-Urlaub auch ein paar Tage auf der Nachbarinsel Porto Santo einplanen.

9 KANARISCHE INSELN

Inseln des ewigen Frühlings

Unter den »Inseln des ewigen Frühlings« findet ganz bestimmt jeder sein Lieblingsziel: Egal, ob man die lebhaften Touristenzentren auf Teneriffa, die schwarzen Strände von Lanzarote oder das lässige Flair der ehemaligen Hippie-Hochburg La Gomera ansteuert – Sonne und Meer sind überall im Übermaß vorhanden. Das gleichmäßig milde Klima und die Vielfalt der Inseln vor der Küste Marokkos zieht Urlauber aus aller Welt an, allen voran Briten und Deutsche. Die meisten schätzen die vielseitigen Möglichkeiten, die sich im Urlaub auf den Kanaren bieten: Die Landschaft ist mal saftig grün, mal schroff und karg, die Strände dicht an dicht bevölkert, ideal geeignet zum Surfen oder einsam und unbebaut. Freundliche Menschen trifft man allerdings überall an, genauso wie die berühmten Runzelkartoffeln, die *Papas arrugadas!*

La Palma

Teneriffa

La Gomera

Gran Canaria

Lanzarote

Fuerteventura

Los Hervideros auf Lanzarote:
Die bizarren Klippen sind durch
Vulkaneruptionen im 18. Jahr-
hundert entstanden.

1 TENERIFFA
Von Vulkanen geschaffen

Viele seiner Reize verdankt Teneriffa seinem vulkanischen Mittelpunkt. Der Teide ist der höchste Berg Spaniens. Rund um den Krater erstreckt sich eine fast unwirkliche Marslandschaft. Gut ausgeschilderte Wege führen Wanderer zuverlässig hinauf. Auf dem Rückweg lohnt sich ein Stopp im höchstgelegenen Dorf Teneriffas: Vilaflor. Abends geht es für die meisten Besucher wieder zurück an die Küste. Entweder in den Süden mit seinen Touristenhochburgen Playa de las Américas und Los Christianos oder nach Puerto de la Cruz im grünen Norden.

BESTE REISEZEIT
Ganzjährig! Wer im Februar hinfliegt, kann beim Karneval mitfeiern, dem angeblich zweitgrößten der Welt. www.teneriffa-news.com/karneval

2 FUERTEVENTURA
Die besten Wellen für Surfer

Die zweitgrößte Insel des kanarischen Archipels punktet mit karibisch anmutenden Stränden. Den Sand dafür verdankt sie der nur 100 Kilometer Luftlinie entfernten Sahara. An Wüste denkt man unwillkürlich auch im Inselnorden, wo sich bei El Jable Wanderdünen über eine Fläche von 24 Quadratkilometern erstrecken. Dieser Dünensand besteht allerdings aus vor Ort zerriebenen Muschelschalen und Schneckenhäusern. Längst kein Geheimtipp mehr ist Fuerteventura, das auch das »europäische Hawaii« genannt wird, bei Surfern.

TIPP
Traumblicke von der Dachterrasse und exquisite Fischgerichte bietet das Restaurant La Vaca Azul in El Cotillo. Am besten zum Sonnenuntergang dort sein!

(1) Von El Sauzal hat man einen fantastischen Blick über die Küstenlandschaft von Teneriffa und den 3718 Meter hohen, schneebedeckten Teide. (2) Im Museumsdorf Molino de Antigua auf Fuerteventura ist die alte Windmühle eine der größten Attraktionen. Sie steht in einem hübschen Garten und kann auch von innen besichtigt werden.

Tolle Aussicht und immer frisches Wasser: Im Meerwasser-Schwimmbecken bei Puerto de las Nievas auf Gran Canaria kann man entspannt baden.

3 GRAN CANARIA

Sahara-Feeling und majestätische Bergwelt

60 Meter hohe Dünen, spektakuläre Bergtouren, Felsen, die den Himmel zu berühren scheinen – Gran Canaria hat weit mehr zu bieten als Sonne und Strand. Auch im Winter sind hier die Temperaturen so mild, dass Reisende ganzjährig sonnenbaden, schwimmen, surfen, golfen und wandern können. Wer danach noch die Kondition hat, stürzt sich in Playa del Inglés ins Nachtleben.

TIPP
Landestypische Mitbringsel gibt es in den FEDAC-Läden (Las Palmas, Playa des Inglés). www.fedac.org

4 LANZAROTE   Feuer, Wasser, Luft und schwarze Erde

Die Landschaft, in die sich auch der Regisseur Pedro Almodóvar spontan verliebte, ist wirklich einzigartig. Ihr vulkanischer Ursprung lässt sich nicht leugnen: Die Strände sind ebenso schwarz wie die fruchtbare Erde, auf der der Wein anders als sonst direkt am Boden wächst. Dass der ursprüngliche Charakter der Insel bis heute erhalten geblieben ist, hat sie dem Künstler César Manrique zu verdanken.

TIPP
Mit dem Rad spätnachmittags in die Montañas del Fuego und zusehen, wie die Berge ins Abendrot eintauchen.

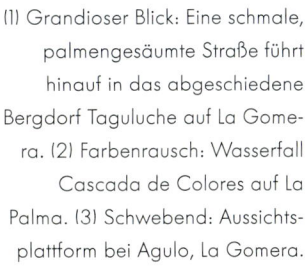

(1) Grandioser Blick: Eine schmale, palmengesäumte Straße führt hinauf in das abgeschiedene Bergdorf Taguluche auf La Gomera. (2) Farbenrausch: Wasserfall Cascada de Colores auf La Palma. (3) Schwebend: Aussichtsplattform bei Agulo, La Gomera.

5 LA PALMA Unverbautes grünes Kleinod mit Lorbeerwäldern

Isla Verde nennen die Einheimischen ihre Insel. Zu Recht, denn anders als die großen Kanarischen Inseln ist La Palma zu einem guten Teil von üppiger Vegetation bedeckt. Lorbeerwälder und die hoch aufragenden Berge sorgen dafür, dass die Insel weniger von Badeurlaubern als von Wanderern angesteuert wird. Aufgepasst: Von den mehr als 1000 Kilometern Wanderwege sind die meisten durchaus anspruchsvoll!

TIPP
Auf der Finca Tabaquera El Sitio in Brena Alta kann man beim Drehen von Zigarren zusehen.

6 LA GOMERA Paradies für Wanderer und Lebenskünstler

Für Outdoor-Enthusiasten ist die zweitkleinste der Kanarischen Inseln ein Paradies! Hauptanziehungspunkt ist der verwunschene Nebelwald Garajonay mit seinen mächtigen Lorbeerbäumen, den saftig-grünen Farnen und Moosen und fantastischer Luft! Wohnen und gut essen kann man im Valle Gran Rey. Zur relaxten Atmosphäre tragen hier die letzten Hippies bei, die allabendlich den Sonnenuntergang am Strand herbeitrommeln.

TIPP
Die abgedrehte Inselzeitung *Der Valle-Bote* bietet touristische und Insider-Infos: www.vallebote.de.

10 ANDALUSIEN
Spaniens verheißungsvoller Süden

Alles blüht und grünt, die Luft ist lau, ein leises Lüftchen weht – der Frühling ist einfach die schönste Reisezeit für Andalusien. Während in Deutschland der Winter noch einmal für Minusgrade sorgt, kann man in Spaniens Süden vielleicht schon draußen frühstücken, während im Hintergrund sanft die Wellen plätschern. Danach schlendert man bei angenehmen Temperaturen die Strandpromenade entlang, besucht für einen Tag eine der sehenswerten Städte der Region oder macht sich mit Rucksack und Wanderschuhen auf ins Hinterland. Viele Sonnenanbeter und Surfer kommen erst später im Jahr hierher, um den Sommer am und auf dem Wasser in vollen Zügen zu genießen. Und abends bei Cerveza und Tapas auf der Terrasse der Bar direkt am Meer die schönsten Wellen des Tages noch einmal Revue passieren lassen ...

Costa de la Luz

Costa Tropical

Costa del Sol

Flip-Flops an den Füßen, Sonne im Gesicht, Salzwassergeruch in der Nase – Andalusien ist schon im zeitigen Frühjahr eine Reise wert.

In Sevilla nimmt man einen günstigen Kaffee gleich an der Theke — oder genießt stattdessen das lebhafte Treiben draußen vor der Tür.

Traditionell farbenfroh gekleidet und hoch zu Ross: Das Frühlingsfest in Sevilla ist auch für junge Paare der Höhepunkt des Jahres.

1 ANDALUSIEN Flamenco, Berberaffen und viel Abwechslung

In der südlichsten Region Spaniens muss man sich nicht entscheiden zwischen Bergen und Meer, Stadt oder Land, Fisch oder Fleisch. Denn Andalusien hat einfach alles, wovon Reisende träumen: schöne Strände, Berge, hervorragendes Essen, freundliche Gastgeber, einzigartige Traditionen wie beispielsweise den Flamenco und so viele Sehenswürdigkeiten, dass man unbedingt noch viele Male wiederkommen muss! Allein die Vielfalt an der Küste sucht ihresgleichen: Von den insgesamt 800 Kilometern liegen zwei Drittel am Mittelmeer und ein Drittel am Atlantik. Sonnenhungrige müssen sich nur überlegen, ob sie lieber Trubel in Marbella oder verträumte Abgeschiedenheit in einer stillen Bucht hätten. Oder einfach beides nacheinander?

Wer endlich surfen lernen möchte, ist zwischen Cadiz und Tarifa gut aufgehoben, El Palmar ist einer der heißesten Spots, auch für Wind- und Kitesurfer. Sollte der Wind einmal nicht so wehen, wird trotzdem keine Langeweile aufkommen. Sportmöglichkeiten gibt es zur Genüge, nicht nur auf dem Wasser. Reiten und Golfspielen kann man fast überall. Lauffreudige finden in Andalusien Wanderrouten aller Längen und Schwierigkeitsgrade: die kilometerlange Strandpromenade für lange Spaziergänge genauso wie waldreiche, sanfte Hügel in den Alpujarras und anspruchsvolle Strecken für Geübte im Hochgebirge der Sierra Nevada. Eines darf man auch als Sportler nicht vergessen: Ohne eine der wunderschönen Städte Andalusiens gesehen zu haben, sollte man nicht wieder nach Hause fahren! Sevilla und Granada sind ein Muss, aber auch die Gassen des etwas unbekannteren Murcia oder das Amphitheater von Cartagena sind eine Tagestour wert.

ANDALUSIEN HAT EINFACH ALLES, WOVON REISENDE TRÄUMEN: SCHÖNE STRÄNDE, BERGE, HERVORRAGENDES ESSEN, FREUNDLICHE GASTGEBER, EINZIGARTIGE TRADITIONEN WIE BEISPIELSWEISE DEN FLAMENCO

Verdichtete Geschichte begegnet einem in Gibraltar: Schon die Neandertaler bewohnten die Höhlen im Felsen. Später erkannten die Mauren die strategische Bedeutung der Meerenge und errichteten eine Festung. Seitdem die Briten Gibraltar erobert haben, ist es britische Kronkolonie. Für Besucher bietet Gibraltar nicht nur Ausblicke bis nach Afrika und günstige Einkaufsmöglichkeiten, sondern auch hautnahen Kontakt mit den berühmten Berberaffen!

TIPP

Auch wenn die Alhambra kein Geheimtipp mehr ist: Die Schönheit dieses Ortes wird man niemals vergessen! Tickets unbedingt vorher kaufen!
www.alhambra-patronato.es

(1) Gute Ernte: Zwei alte Männer in Almuñécar mit den Früchten des Flaschenbaums. (2) Mittelalterliche Kulisse: das »weiße Dorf« Casares. (3) Der Strand und die Wellen warten schon: Surferin bei Tarifa mit ihrem Board auf dem Weg in die Wellen.

2 COSTA TROPICAL Surfen und Ski fahren

Strandvergnügen und Wintersport in einem Urlaub, das geht an der Costa Tropical! Tagsüber in der nicht allzu fernen Sierra Nevada Ski fahren, abends in Almuñécar barfuß am Strand spazieren gehen – das ganzjährig milde Klima am Meer macht es möglich. Auch Taucher schätzen diesen Küstenabschnitt, die Unterwasserwelt hier hat viel zu bieten. Wer sich das Meer einmal von oben anschauen möchte, fährt nach Salobreña und steigt über malerische Gassen und Treppen hinauf zur Ruine eines maurischen Kastells.

TIPP

Für einen ruhigen Tag am Wasser empfiehlt sich der vergleichsweise wenig besuchte Naturstrand von Guardia. Er liegt inmitten von Zuckerrohrplantagen.

3 COSTA DEL SOL

Sonne im Winter – feiern in der Nacht

Die Sonnen-Küste am Mittelmeer ist kein Insider-Tipp, doch hat sie einen großen Vorteil: Die Saison startet hier früh, mit etwas Glück sitzt man schon im Februar oder März leicht bekleidet am Strand – und hat dabei noch seine Ruhe! Wer nachts in den Bars feiern möchte, sollte lieber erst später nach Malaga fliegen und vielleicht bis nach Torremolinos weiterfahren. Oder doch lieber in Marbella mit seiner Jacht in den Hafen einlaufen und dann dort gediegen shoppen?

TIPP

Spaziergang mit Ausblick in Malaga: die Hafenpromenade entlangschlendern, dann hinaufsteigen zum Castillo de Gibralfaro. www.malagaturismo.com/de

4 COSTA DE LA LUZ — Perfekte Welle am Atlantik

An der »Küste des Lichts« liegen einige der schönsten Strände Andalusiens, und sehr gute Wasserqualität und traumhafte Sonnenuntergänge werden hier gleich mitgeliefert! Auch Surfer lieben diese Küste am Atlantik – besonders die Hotspots zwischen Bolonia und Tarifa. Denn hier weht immer eine frische Brise von Afrika her. Weniger windig geht es am weißen Sandstrand von Los Caños de Meca zu. Den kilometerlangen Strand El Palmar teilen sich die Surfer mit anderen Wassersportlern und (Nackt-)Badenden.

GUT ZU WISSEN!

An der Playa de Valdevaqueros sind die Wellen so flach, dass auch Anfänger gefahrlos Surfen lernen können. Kite- und Surfschulen helfen dabei.

11 BALEARISCHE INSELN

Wie verstreute Perlen im Mittelmeer

Die kleinste autonome spanische Region liegt verstreut vor der Küste im Mittelmeer: Neben Mallorca, Menorca, Ibiza, Formentera und Cabrera gehören fast 150 weitere Inseln dazu, auf denen niemand wohnt. Was auch immer Reisende in den Ferien suchen – auf den Balearen finden sie es: weiße Strände, Bergwanderungen mit Traumblicken, hübsche Städtchen und durchfeierte Nächte. Gegrillte Sardinen und Orangeneis nicht zu vergessen! Natürlich wissen diese Vorzüge viele Urlauber zu schätzen, an den Hotspots ist man in der Saison deshalb nicht allein. Aber wer die Touristenzentren verlässt oder außerhalb der Saison die Reise antritt, wird immer noch abgeschiedene Buchten, einsame Wanderwege und familiäre Restaurants finden. Im Frühling ist es am schönsten hier: Dann blüht alles, und die Natur ist noch saftig grün!

Menorca

Mallorca

Sant Elm

Platja de Palma

Cala Millor

Calas im Südosten

Ibiza

Von Cala Ratjada führt eine Promenade an den Sandstrand Cala Gat. Zu empfehlen: ein Sonnenschirm und ein Cocktail an der Strandbar!

Formentera

1 MALLORCA

Lebhaftes Treiben und abgeschiedene Idylle

Mallorca hat einfach für jeden Urlauber etwas zu bieten: von durchtanzten Ballermann-Nächten bis zur idyllischen Ruhe auf einer Finca. Partygänger sollten ihr Quartier in der Nähe der Hauptstadt Palma aufschlagen. Von dort ist es nicht weit bis nach S'Arenal, wo rund um die Uhr das Nachtleben tobt. Naturliebhaber hingegen sind im Inselinneren besser aufgehoben, wo man einfach loslaufen kann durch die Hügel, an Schafen und Olivenbäumen vorbei bis zu der kleinen Bar, wo es ganz bestimmt einen guten Cortado (eine spanische Kaffeespezialität) und dazu eine frische Ensaïmada (Schmalzgebäck) gibt …

TIPP

Mindestens einmal während des Urlaubs muss man am Traumstrand Es Trenc baden! Nirgendwo ist das Wasser türkiser, der Sand feiner und die Umgebung idyllischer.

Nur zu Fuß und über einen
steilen, schmalen Pfad gelangt
man an den herrlichen kleinen
Sandstrand Caló des Moro im
Süden Mallorcas.

2 SANT ELM — Küstenwanderung mit grandiosen Ausblicken

In Sant Elm geht es beschaulich zu: Der Badestrand, die wenigen Hotels und der winzige Hafen strahlen eine verschlafene Ruhe aus. Tagesbesucher sind vor allem Wanderer, die von Port d'Andratx an der Küste hergelaufen sind – eine schöne Strecke mit fantastischen Ausblicken auf Meer und Küste. Für Geübte dient Sant Elm als Ausgangspunkt für anspruchsvollere Wanderungen ins Tramuntana-Gebirge.

GUT ZU WISSEN!

Von Sant Elm kann man mit dem Boot übersetzen auf die »Drachen-Insel« Sa Dragonera und dort wandern.

3 PLATJA DE PALMA

Radtour am Strand und mit Sangria durch die Nacht

Im Südosten Palmas erstrecken sich kilometerlange Strände. Dazu gehört auch der Abschnitt mit der berüchtigten Ballermann-Partyzone. Aber die Strandpromenade von S'Arenal eignet sich auch bestens für Radtouren! Eine Aufwertung erlebten in den letzten Jahren Portixol und El Molinar. Sehenswert: der felsige Abschnitt zwischen Coll de'n Rabassa und Ca'n Pastilla.

TIPP

Schon die Architektur des Es-Baluard-Museums in Palma beeindruckt! www.esbaluard.org/es

(1) Vollkommene Natur, am schönsten frühmorgens oder am Abend: die beliebte Bucht von Cala Sa Nau. (2) Menschengemacht: Sandburg im lebhaften El Arenal. (3) Naturbelassener Strand und türkisblaues Wasser, auch für junges Publikum: Caló des Moro bei Santanyí.

4 CALAS IM SÜDOSTEN

Türkisfarbenes Meer und weißer Sand

Die berühmten Buchten liegen an der südlichen Ostküste Mallorcas. Manche von ihnen sind vom Massentourismus verschont geblieben, weil sie nur zu Fuß oder vom Meer her zu erreichen sind. Nach Sa Nau gelangt man auch mit dem Fahrrad. Wer mehr Abgeschiedenheit sucht, sollte von dort aus in südlicher Richtung weiterlaufen. Nach einer halben Stunde erreicht man eine einsamere, wunderschön gelegene Bucht!

TIPP
Traumstrand mit türkisfarbenem Wasser: der etwas versteckt liegende Caló des Moro.

5 CALA MILLOR

Beliebte Strände und eine Prozession auf dem Meer

Mit Cala Bona zusammen ist Cala Millor ein touristischer Hotspot im Osten Mallorcas. Im Winter lässt es sich entlang der kilometerlangen Strandpromenade entspannt flanieren. Für die Touristenströme im Sommer entschädigen die weiten Strände – und die alljährlich im Juli stattfindende Bootsprozession Festes del Carme vor der Küste Cala Bonas, mit der Bootsführer und Fischer die Schutzheilige der Seeleute ehren.

TIPP
Nahe Cala Millor lädt das hübsche Städtchen Son Servera zum Besuch ein. Freitag ist Markttag.

Eine ganz besondere Partylocation auf Menorca: die Bar an der Höhle Cova d'en Xoroi bei Cala en Porter. Traumaussicht, chillige Musik und hervorragende Cocktails rechtfertigen den Eintrittspreis.

7 FORMENTERA Abgelegen, klein und beschaulich

Wer hierherkommt, sucht keine Partymeile, sondern vor allem Ruhe und Überschaubarkeit. Weil Formentera keinen Flughafen hat, ist die kleine Insel vor Touristenströmen bislang noch sicher. Man setzt gemütlich mit der Fähre über, und um die Insel zu erkunden, reicht ein Fahrrad völlig aus. Damit gelangt man ohne lästige Ampeln oder Steigungen zwischendurch auch an den Strand Platja des Migjorn. Und nach dem Sonnenbaden ist es zum Durstlöschen nicht weit bis ins nächste Fischerdörfchen!

TIPP
Eine nette Abwechslung für Strandmüde ist im Sommer der Hippiemarkt in El Pilar de la Mola, auf dem inseleigenes Kunsthandwerk angeboten wird.

6 MENORCA Malerische Häfen und unverfälschte Natur

Ungleich kleiner als die große Schwester Mallorca, aber auch viel weniger überlaufen ist Menorca. Hohe Berge hat das komplett zum Biosphärenreservat erklärte Eiland zwar nicht zu bieten, dafür großartige Natur, wunderschöne feinsandige Strände und idyllische Fotomotive am Wasser. Unbedingt anschauen sollte man sich den malerischen Hafen von Ciutadella. Und in der heutigen Hauptstadt Maó darf man auf dem Fisch- und Gemüsemarkt den spektakulären Blick auf den Naturhafen keinesfalls verpassen!

TIPP
Die schönste Wanderung im Inselinneren führt durch die Schlucht Barranc d'Algendar (3–4 Std.). Proviant mitnehmen und die Pflanzenwelt genießen!

8 IBIZA Viel mehr als Pool und Party

Tanzen, bis die Sonne aufgeht! Nacktbaden bei Mondschein! Schrille Outfits ausprobieren und einen Blick auf Prominente erhaschen! Im Hochsommer ist Ibiza immer noch das Partyzentrum im Mittelmeer. Abseits der großen Discos und der bunten Transvestitenszene an der Platja d'en Bossa und in Sant Antoni de Portmany gibt es auch auf dieser Baleareninsel beschauliche kleine Buchten, abgeschiedene Wanderwege und Kulturdenkmäler zu entdecken. Und abends dann wieder ins Gewühl stürzen und tanzen bis zum Abwinken.

GUT ZU WISSEN!
Die Balearen sind durch zahlreiche Fährverbindungen miteinander verbunden – ideal für Inselhopping. Tickets z. B. bei www.trasmediterranea.es

Mit glasklarem Wasser, aber durch Strömungen und Untiefen recht gefährlich für Badende: der Strand von Caló des Mort auf Formentera.

Abends feiern und tagsüber mit der Vespa durch die Gassen der Hauptstadt cruisen: Für Junge und Junggebliebene ist Ibiza ein Ferientraum!

La Côte Bleue

Massif des Calanques

Côte d'Azur

12 FRANKREICHS MITTELMEERKÜSTE
Ein Hauch von Lavendel und Mimosen

Wie ein glitzerndes Band zieht sich Frankreichs Mittelmeerküste von den Pyrenäen entlang der Region Languedoc-Roussillon und geht vom Rhône-Delta in die mondäne Riviera über, wo das Küstenband nach rund 500 Kilometern an der Grenze zu Italien endet. Dazwischen einzigartige Landschaften wie Calanques, Camargue, Côte Bleue oder Côte d'Azur. In diesen beliebten Ferienregionen wechseln schattige Pinienwälder ab mit weißen Sandstränden und felsigen Buchten, malerischen Fischerhäfen oder Küstenstädtchen mit Promi-Faktor, Sumpfgebieten mit Flamingos, Wildpferden und Stieren. Dazu exquisite mediterrane Küche, galloromanisches Erbe und Museen von Weltrang, schicke Marinas mit luxuriösen Jachten oder kleine Häfen mit bunten Fischerbooten. Und über allem weht ein Hauch von Lavendel und Mimosen …

Wandern mit Wow-Effekt:
Steil stürzen die schroffen
Felsen des Massif des
Calanques ins Meer und bieten
atemberaubende Ausblicke.

Auch in der Dämmerung macht die Blaue Küste ihrem Namen Ehre, wenn in den Buchten die Lichter funkeln und Azur zu Nachtblau wird.

1 LA CÔTE BLEUE
Entdeckungen über und unter Wasser

Westlich von Marseille liegt die »Blaue Küste« mit ihren versteckten Buchten. Tiefe Einschnitte prägen die Côte Bleue; dieser Geografie verdanken die kleinen Orte ihre Abgeschiedenheit. Von Marseille aus fährt ein Nahverkehrszug einige der reizvollsten Städtchen an; zuvor sollte man sich noch das zum Stadtgebiet von Marseille gehörende L'Estaque und seinen Bilderbuchhafen ansehen. Ein tolles Ausflugsziel ist der Meerespark Parc marin de la Côte Bleue, der von Cap Rousset bis Carry-le-Rouet reicht.

TIPP

Das Restaurant L'As V Glaces in Carry-le-Rouet (6, Av. Aristide Briand) serviert Crêpes, Sandwiches und Salate. Köstlich: das hausgemachte Eis!

Im Calanques Nationalpark kann man nicht nur hervorragend wandern: Die schroffen Kalksteinfelsen bergen eine Vielzahl traumhafter Buchten, die zum Baden, Tauchen oder Kajakfahren verlocken – wie hier die Calanque d'En Vau bay nahe Cassis.

2 CALANQUES Wanderrevier zwischen Himmel und Meer

Bis zu 300 Meter ragen die Kalksteinklippen zwischen Marseille und Cassis empor. Oben endloser Himmel, unten tiefblauer Ozean – atemberaubend! Zahlreiche Wanderwege durchziehen das Massif des Calanques, darunter auch der rot-weiß markierte GR 98-5. Wer sich an die 23 Kilometer lange Strecke von der Calanque Callelonque bei Marseille bis nach Cassis wagt, sollte gut zu Fuß sein und an Sonnenschutz, Proviant und ausreichend Trinkwasser denken! Immer wieder fällt der Blick auf fjordähnliche Buchten am Fuß der Klippen.

TIPP

Wegen Waldbrandgefahr sind im Sommer manche Wege gesperrt. Daher vorher am besten bei der Nationalparkverwaltung anfragen.
www.calanques-parcnational.fr

Sommer, Sonne, Felsen, Meer —
die vier Hauptattribute der Côte
d'Azur, perfekt vereint in der Bucht
von Fréjus am Esterel Massiv.

Austern sind eine Delikatesse, die in den Küstenorten der Côte d'Azur ganz frisch auf den Teller kommen. Serviert werden sie auf Eis und mit Zitrone und Kräutern angerichtet.

3 CÔTE D'AZUR Mediterrane Lebensart mit Glamour

Luxusjachten, First-Class-Hotels, Stars und Sternchen kommen einem unweigerlich in den Sinn, wenn man an Saint-Tropez, Nizza oder das mondäne Cannes denkt. Aber die südfranzösische Mittelmeerküste hat noch viel mehr zu bieten als glanzvolle Orte: beispielsweise herrliche Strände, türkisblaues Wasser, erstklassige Gastronomie und mit der Provence eine wunderschöne Landschaft mit wogenden Lavendel- und Sonnenblumenfeldern im Sommer. In Nizza muss man natürlich einmal über die berühmte Promenade des Anglais schlendern und den Blick über die Bucht in sich aufnehmen. Kunstinteressierte dürfen die großartig ausgestatteten Matisse- und Chagall-Museen auf keinen Fall verpassen. Auch Cannes lernt man am besten beim entspannten Bummeln kennen; besonders schön ist die liebevoll restaurierte Altstadt. Filmfans flanieren über die Croisette, wo sich jedes Jahr im Mai die Stars des legendären Filmfestivals vor der Weltpresse eindrucksvoll in Szene setzen. Nur etwa zehn Kilometer von Nizza entfernt liegt Antibes, berühmt für sein Picasso-Museum. Auch das Cap d'Antibes mit Kapelle und Leuchtturm und das Fort Carré lohnen einen Besuch. Weiter geht es nach Monaco, dem glamourösen Fürstentum mit seinen mittelalterlichen Gassen, Schloss und Spielbank – die Côte d'Azur ist ein Mekka für Glücksritter, allein Monaco lockt mit fünf Casinos. Wer sich als Glücksritter versuchen will: auf die Reisekasse aufpassen!

Wer hingegen etwas mehr Ruhe sucht, dem sei die alte Hafenstadt Hyères an der Halbinsel Giens ans Herz gelegt. Die noch aus dem Mittelalter stammende Altstadt mit ihren engen Gassen, dem Templerturm und den Befestigungsmauern lässt längst vergangene Jahrhunder-

DIE CÔTE D'AZUR IST EIN MEKKA FÜR GLÜCKSRITTER, ALLEIN MONACO LOCKT MIT FÜNF CASINOS

te wieder lebendig werden. Hyères zeichnet sich aber auch durch eine Vielzahl von zauberhaften Parks und Gärten aus. Wunderschön ist der öffentlich zugängliche Park Saint Bernard mit dem Château Saint Bernard auf der Montée de Noailles. Von hier schweift der Blick weit über die Halbinsel von Giens und die Bucht von Hyères. Überhaupt kann man sich an der Côte d'Azur kaum sattsehen an den fantastischen Ausblicken – superbequem auch vom Auto aus auf den drei Corniches, den weltberühmten Panoramastraßen zwischen Nizza und Monaco.

TIPP

Das zauberhafte Maison des Papillons in Saint-Tropez zeigt rund 4500 Schmetterlingsarten aus aller Welt, zusammengetragen vom Maler und Schmetterlingskundler Dany Lartigue.

13 KORSIKA

Mediterranes Kleinod mit Ecken und Kanten

Wer einmal da war, erliegt dem wilden Charme Korsikas im Handumdrehen und kommt immer wieder – oder möchte am liebsten gar nicht mehr weg. Wie ein Gebirge liegt die Insel mitten im Meer und gibt sich auf den ersten Blick schroff und unnahbar. Tiefe Schluchten und felsige Berghänge, aber dann: klare Bäche, Wasserfälle, sanfte Täler, kühle Wälder, es duftet nach Wacholder, nach Harz und immer wieder nach Meer.

Die zum Teil völlig abgeschiedenen und ursprünglichen Bergdörfer wecken die Entdeckerlust, und spätestens wenn der Weg in eine der lieblichen Buchten und zum Strand führt, dürfte jeder Reisende endgültig von Korsika verzaubert sein. Aber selbst überzeugte Strandfans sollten unbedingt Ausflüge ins Hinterland einplanen und die Wanderstiefel nicht vergessen – kraxeln kann man hier nämlich auch.

Costa Verde

Korsika

Lavezzi Archipel

Die bizarre Felsenlandschaft der Calanche aus rötlichem Granit ist unverkennbar auf Korsika. Wenn die Sonne aus einem bestimmten Winkel auf die Felsen im Naturpark südlich von Porto strahlt, scheinen sie rot zu glühen.

Trutzige Felsen sind der Plage Palombaggia bei Porto Vecchio vorgelagert. Der Strand selbst besticht durch Puderzuckersand und Pinien.

2 COSTA VERDE

Weinberge und Strandidylle vor der Haustür

Die grüne Ostküste Korsikas zeigt sich von einer ganz anderen Seite als der felsige Westen der Insel. Beinahe 80 Kilometer lang erstreckt sich der Strand südlich von Bastia bis hinunter nach Solenzara. Nahe der Küstenstraße gibt es zahlreiche Ferienanlagen und Campingplätze mit direktem Meerzugang. Etwas landeinwärts breiten sich Weinberge mit kleinen Dörfern, weitläufige Obstplantagen und Felder aus – ein fruchtbares und grünes Land. Also ruhig mal kleine Abstecher ins Hinterland wagen!

TIPP
Wer kein Hotel braucht, ist im Feriendorf Corsica Natura gut aufgehoben, es gibt Bungalows und einen Campingplatz. www.corsica-natura.com

1 KORSIKA Charmante Städtchen, vielfältige Küsten

Korsikaneulinge haben die Qual der Wahl: mit der schroffen Westküste beginnen, mit dem grünen Osten oder gleich ins Herz der Insel vorstoßen? Am besten alles, die Reihenfolge spielt keine Rolle. Wer nicht nur Natur sucht, darf sich auf abwechslungsreiche Städte freuen. Im Landesinneren wartet Corte mit einer eindrucksvollen Zitadelle auf. Maritimes Flair bietet die Hafenstadt Calvi, viel Kunsthandwerk findet sich in Corbara, dem Herzen der Balagne. Den Golf von Porto muss man ebenfalls gesehen haben!

BESTE REISEZEIT
Von März bis Mai verwandelt blühende Macchia die Insel in ein Meer aus Farben und Düften. Bei milden Temperaturen die beste Zeit zum Wandern!

3 LAVEZZI-ARCHIPEL

Traumhafte Inselwelt im äußersten Süden

Zwischen Korsika und Sardinien verbirgt sich eine kaum bekannte Perle der Natur: ein Naturschutzgebiet aus etwa 100 Inselchen und Granitriffen. Nur die Île de Cavallo ist bewohnt, drei weitere Inseln – Lavezzi, Piramide und Piana – dürfen betreten werden. Die feinen Sandstrände sind nahezu unberührt, es duftet würzig nach Wildkräutern. Unfassbar schön und vielfältig ist auch die Unterwasserwelt, hier tummeln sich Seesterne, Anemonen, Korallen und unzählige Fische. Wer Glück hat, kann sogar Delfine beobachten!

TIPP
Tagesausflüge zum Lavezzi-Archipel werden von Bonifacio aus mit Stopp auf der Île de Cavallo angeboten. Tickets im Tourismusbüro. www.bonifacio.fr

Pierrot Tolaini ist eine lokale Berühmtheit in Centuri Port auf Cap Corse: Er bewahrt alte Traditionen wie den Bau von Hummerfallen.

Zum Baden und Schnorcheln ist auf Korsika nicht nur das Meer traumhaft, sondern auch zahlreiche Gumpen im Fangotal.

Portofino
Cinque Terre
Elba
Giglio
Capri
Costiera Amalfitana
Riviera dei Cedri

14 ITALIENS KÜSTEN

Kennst du das Land, wo die Zitronen blüh'n?

Sonne satt, azurblaues Meer, farbenfrohe Städtchen an steilen Berghängen, kleine Hafenrestaurants, mediterrane Gärten, süßer Limoncello und jede Menge Dolce Vita – wen die Italiensehnsucht packt, den überschwemmt sie mit den verlockendsten Visionen. Das Gute daran: Wir können sie wahr werden lassen! Entlang der Küsten gibt es unzählige schöne Orte zu entdecken. Die Amalfiküste lädt zu Streifzügen ein, Elba, Capri und Blaue Grotte möchte jeder gerne mal gesehen haben. Oder lieber Wandern in den Cinque Terre, Baden an der Riviera dei Cedri? Gerne, aber immer mit der Ruhe! Schließlich ist Italien das Land der Entschleunigung – hier darf und muss man Zeit einplanen. Ob auf den Inseln oder an den Küsten, das typisch italienische Flair sorgt ohnehin für ein entspanntes Lebensgefühl! – das ist wahrer Luxus!

Die berühmten Faraglioni vor
Capri locken viele Besucher
an. Auf Ausflugsbooten kommt
man den archaisch anmutenden
Felsen ganz nah.

Steile Steinstufen führen hinab in das mehr als 1000 Jahre alte Vernazza, eines der fünf malerischen Dörfer der Cinque Terre.

1 PORTOFINO Malerisches Fischerdorf mit Kultcharakter

Dieses Juwel an der ligurischen Küste muss man einfach gesehen haben! Eng schmiegen sich die bunten Häuser halbmondförmig an den Berghang der Bucht. Edle Boutiquen, erstklassige Hotels und im Hafen die eine oder andere Luxusjacht vor Anker – das ehemalige Fischerdorf ist klein, aber fein. Unbedingt ansehen: Castello Brown mit seinem entzückenden Park oberhalb von Portofino. Der Ausblick ist grandios!

TIPP
Unvergesslich: eine Wanderung zur Spitze der Halbinsel von Portofino mit Grotte und Badebucht.

2 CINQUE TERRE

Wandern auf uralten Pfaden hoch über dem Meer

Wie Schwalbennester kleben Monterosso, Vernazza, Corniglia, Manarola und Riomaggiore an den Hängen der ostligurischen Steilküste. Gemeinsam sind sie die »fünf Länder« – genau genommen natürlich Dörfer. Traumhaft, wie die Häuser in allen nur denkbaren Pastelltönen leuchten! Hier muss man unbedingt wandern, durch Weinberge und Olivenhaine, an Steilhängen entlang und mit großartiger Aussicht auf das türkisblaue Meer.

(1) In Bonbonfarben strahlen die schmucken Häuser im Hafen von Portofino. Cafés und Bars verführen zum süßen Nichtstun. (2) Wracktauchen vor Elba: Auf dem Meeresgrund schlummern versunkene Schätze. (3) Cannelle ist einer der vier Strände auf Giglio – das Meer ist hier herrlich klar.

TIPP
Wer es ruhiger mag, wandert in den Cinque Terre im zeitigen Frühjahr (Februar/März) oder im Herbst.

3 ELBA Antike Urlaubsinsel im Thyrrhenischen Meer

Schon die alten Römer wussten, wo es schön ist: Die Ruine der Villa delle Grotte in der Nähe von Portoferraio und viele archäologische Funde (zu bewundern im Archäologischen Museum der Stadt) erzählen Elbas lange Geschichte. Die äußerst fruchtbare Natur, das angenehme Klima und nicht zuletzt der vorzügliche Wein der Insel waren eben auch in der Antike unschlagbare Argumente für die ideale Sommerfrische.

TIPP
Für Geschichtsfans: Napoleons Stadtpalast in Portoferraio und die Residenz in San Martino.

4 GIGLIO

Auf der schönsten Insel des toskanischen Archipels

Vom Berg grüßt bereits das imposante Kastell, wenn die Fähre von Porto Santo Stefano in den kleinen Hafen einläuft. Giglio Castello gilt mit Recht als eines der schönsten Dörfer in ganz Italien – Zeit zum Bummeln einplanen und in einem der kleinen Läden den köstlichen Inselhonig kaufen! Die sandigen Buchten und das klare Meer sind vor allem bei Sporttauchern beliebt.

TIPP
Wohnen im Hotel Albergo da Giovanni, am Traumstrand von Campese. www.albergodagiovanni.com

5 CAPRI
Blaue Grotte und rote Sonne

Seit jeher ist die Insel im Golf von Neapel ein Sehnsuchtsort für Italienreisende. Capri hat handfeste Argumente für seine Spitzenposition auf der Beliebtheitsskala, allen voran die sensationellen Höhlen, die das Meer in den Kalkstein gewaschen hat. Unzählige Besucher zieht es jährlich zur Blauen Grotte. Doch nicht alle schaffen es ins Innere der Höhle, denn nur bei ruhiger See können die Boote die enge Zufahrt meistern. Wer nicht das Glück hat: Es gibt auch noch die Grüne, die Rote und die Weiße Grotte oder die bizarren Felsen der Faraglioni.

TIPP
Capris schönster Spazierweg verläuft in schwindelerregender Höhe: Die Via Krupp verbindet die Giardini di Augusto mit der Marina Piccola.

6 COSTIERA AMALFITANA
Italiens pittoreskes Aushängeschild

Wie an einer Perlenkette reihen sich die malerischen Städtchen an Italiens berühmtester Küste auf. Idealerweise besucht man sie alle und fährt dabei gemächlich die 50 Kilometer lange zerklüftete Amalfiküste ab. Wer weniger Zeit hat, muss auf jeden Fall Positano besuchen. Der Badeort verzaubert durch seine farbenfrohen Häuser und engen Gassen. Das namengebende Amalfi weiter im Osten mit seiner prächtigen Kathedrale darf man natürlich auch nicht auslassen. Und Maiori hat den längsten Badestrand der Costiera Amalfitana zu bieten.

TIPP
Shoppen in Positano: Très chic und international bekannt ist Positano-Mode aus Baumwolle und Leinen. In den vielen Boutiquen und Läden ist man an der Quelle.

(1) Magisch: die Blaue Grotte vor Capri. Wer hinein möchte, muss sich auf reichlich Gesellschaft einstellen, denn die Grotta Azurra ist ein Touristen-magnet. (2) Wenn an der Amalfiküste die Sonne untergeht, stellt sich Entspannung fast von selbst ein – einfach nur aufs Meer gucken …

7 RIVIERA DEI CEDRI

Badefreuden, Zitroniges vom Feinsten und Wandmalereien

An *cedri* (Zitronatzitronen) kommt hier keiner vorbei: In großen Plantagen angebaut, wird aus ihren dicken goldgelben Schalen hauptsächlich Zitronat gewonnen. Hoch im Kurs stehen auch Konfitüren, Liköre und ätherische Öle – einfach alles, was sich aus den Zitronen zubereiten lässt. Neben der Zitrusfrucht sind es aber vor allem die traumhaften Badestrände, die der kalabrischen Riviera dei Cedri ihren typischen Charakter verleihen. Im August herrscht überall Hochbetrieb, außerhalb der italienischen Feriensaison kann man aber immer noch ein ruhiges Plätzchen ergattern. Spaß macht ein Bummel durch Diamante mit seinen Kunsthandwerksläden und Modeboutiquen. Der Küstenort ist zudem bekannt für seine *murales*, Wandmalereien, die von Künstlern in den 1980er-Jahren gestaltet wurden.

TIPP

Echt scharf: In Diamante findet jährlich Anfang September das Festival del Peperoncino statt, ein kulturelles und gastronomisches Highlight. Nicht verpassen!

Ein trutziger Turm wacht über die idyllische Bucht von San Nicola Arcella, einem der vielen charmanten Orte der Riviera dei Cedri.

15 SARDINIEN

Ein Smaragd in türkis schimmernden Fluten

Zerklüftete Küsten, traumhafte Badebuchten, schroffe Berge: Italiens zweitgrößte Insel gehört zu den Spitzenreitern in puncto Wildheit und Romantik. Sardinien ist eine autonome italienische Region. Manchen Besucher überkommt zuweilen das Gefühl, sich gar nicht mehr auf italienischem Boden zu befinden, immerhin pflegen die Sarden nicht nur ihre Bräuche und Trachten, sie sprechen auch eine eigene Sprache. Und dann die kulina-

rischen Spezialitäten: Der sardische Pecorino steht bei Käsekennern in aller Welt hoch im Kurs. Auf kulturell Interessierte warten neben bunter Folklore zahlreiche Kirchen und Kathedralen, Berge und Hinterland laden zum Wandern ein, Sportenthusiasten toben sich beim Surfen, Tauchen, Segeln und Schwimmen aus, und die herrlichen Strände lassen auch Bademuffel zu Wasserratten werden.

Costa Smeralda

Golfo di Orosei

Cala Luna

Sarrabus

Costa Verde

La Maddalena

Costa Rei

Porto Pino

Chia

Eine grandiose Aussicht hat man vom Punta Giradili auf den Golf von Orosei – mehrere 100 Meter tief stürzen die Felswände hier ins Meer.

Herrlich klares Wasser, feinster Sand und – Stille: Wer an einem paradiesischen Strand relaxen und möglichst viel Ruhe haben möchte, findet in den kleinen Buchten von Chia das Ziel seiner Träume.

2 PORTO PINO Spiaggia Sabbie Bianche – Welt aus Sand

Südlich von Porto Pino erstreckt sich ein ganz besonderer Küstenabschnitt: Phänomenale Dünen prägen das Gesicht der Landschaft. Wer von pudrigem Sand nicht genug kriegen kann, ist hier goldrichtig. Nur wenige Hundert Meter weiter breitet sich dann schon der Strand von Porto Pino aus, an den sich ein würzig duftender Kiefernwald anschließt. Traumhaft schön ist es, an einen Stamm gelehnt die Sonne im Meer versinken zu sehen, während die nahe Insel Sant'Antioco noch einmal in feurigem Orangerot aufleuchtet.

TIPP
Spiaggia Sabbie Bianche ist wegen NATO-Manövern nur von Ende Juni bis Ende September zugänglich, wegen dieser Einschränkung ein echter Geheimtipp.

1 CHIA Faszinierende Lagunenwelt

Sardiniens südliches Ende ist eines der beliebtesten Ausflugsziele der an Attraktionen nicht gerade armen Insel: Strandurlauber finden in Chia pure Glückseligkeit. Verträumte kleine Buchten mit kristallklarem Wasser und Sand allererster Güte, Dünen und immergrüne Macchia – Natur und Stille inklusive, abgesehen von Wellenrauschen und Vogelrufen. In den Lagunenseen im Hinterland kann man rosa Flamingos in freier Natur statt wie bei uns nur im Zoo erleben, seltene Rohrweihen und Purpurhühner ebenfalls.

TIPP
Wildromantisch, schön und meistens einsam ist es am Capo Spartivento. Der Aufstieg zum Leuchtturm garantiert atemberaubende Ausblicke.

3 COSTA VERDE Ein wilder, einsamer Küstenstrich

Rund 50 Kilometer erstreckt sich die Costa Verde im Südwesten der Insel. Wer vor allem relaxen möchte und auf der Suche nach menschenleeren Badeplätzen, fantastischen Stränden und ursprünglicher Natur ist, wird südlich des ruhigen Ferienortes Marina di Arbus fündig: Große Sanddünen, erfrischend grüne Macchia, freundliche Wellen und eine sanfte Brise versprechen entspannte Stunden am einsamen Strand. Strandbars und Lokale gibt es hier nicht, also einen Picknickkorb und genug zu trinken mitnehmen!

TIPP
Die kaum erschlossene Costa Verde erkundet man am besten mit einem Geländewagen, denn zu den schönsten Plätzen führen nur Schotterpisten.

Weiß wie Schnee leuchten die Dünen von Spiaggia Sabbie Bianche bei Porto Pino in der Sonne. Sie werden vom Wind ständig neu geformt.

Abgeschiedene Badestrände, umgeben von Felsen und grüner Macchia: An der Costa Verde zeigt sich Sardinien noch unberührt und wild.

Flanieren, shoppen, Eis essen: In den Gassen von La Maddalena auf der gleichnamigen Insel kann man auf angenehme Weise den Tag verbringen.

4 LA MADDALENA

Top-Destination für Naturfans und Stadtkinder

Abgeschieden und idyllisch liegt der Maddalena-Archipel im Nordosten Sardiniens. Die meisten der 62 Inselchen sind unbewohnt – auf einer Bootstour fühlt man sich hier wie im Paradies. Im Hauptort Maddalena geht es dagegen quirlig zu. Es macht Spaß, die Gassen der Altstadt mit ihren steilen Treppen zu erkunden und über die von Palmen gesäumte Promenade zu schlendern.

TIPP

Im Mai und Juni sind vor Corcelli, Barrettini und der Westküste Capreras oft Große Tümmler zu sehen.

5 CALA LUNA   Fast wie im Film – aber in echt noch viel besser!

Es ist kein Wunder, dass Cala Luna schon Schauplatz großer Kinofilme war – gäbe es diesen Ort nicht, müsste man ihn erfinden: Zwischen einem grün schimmernden Bach und dem leuchtend blauen Meer erstreckt sich ein Sandstrand mit so hellem Sand, dass man fast geblendet ist. Am Nordende sorgen Grotten in den Felswänden für ein geheimnisvolles Ambiente und das Gefühl, dass gleich etwas Fantastisches passiert …

TIPP

Der Küstenwanderweg nach Cala Luna führt durch wildromantische Schluchten und Täler bis an den Strand.

(1) Steile Felswände umrahmen Cala Luna. (2) Vespa mieten – und los! (3) Umzüge wie zum Fest des heiligen Efisio sind sardische Tradition.

6 COSTA REI
Die »Königsküste« im Südosten Sardiniens

Autofrei relaxen – dafür ist die Costa Rei der ideale Ort. Der Küstenstreifen mit dem langen Sandstrand hat eine sehr gute Infrastruktur. Das wissen auch viele Italiener zu schätzen; wer gern für sich ist, reist am besten nicht in der Hauptsaison an. Davor und danach aber bieten die idyllischen Fels- und Sandbuchten im Wechsel mit weiten Strandabschnitten ideale Voraussetzungen für einen entspannten Badeurlaub.

TIPP
Achtung, Taucher! Die meisten Fischarten gibt es vor dem zerklüfteten Capo Ferrato im Norden der Costa Rei.

7 SARRABUS
Felsen, Lagunen ... und ein Urlaubsort mit Charme

Auf den ersten Blick fast eine Mondlandschaft: Die Region Sarrabus besteht vor allem aus Granitfelsen. Doch zur Küste hin warten Lagunenseen und Flamingos darauf, entdeckt zu werden. Breite Sandstrände schließen sich an; sie sind von Villasimius gut zu erreichen. Der beliebte Ferienort bietet Geschäfte, Restaurants, Cafés und Bars für alle, die Abwechslung vom Strandleben suchen.

TIPP
Traumstrände: Cala Giunco, die Spiaggie Simius, del Riso und Sa Ruxi, Cala Pira und Cala Campulongu

Der Strand von Cala Liscia Ruja ist einer der schönsten an der Costa Smeralda. Das flache Wasser gefällt auch Nichtschwimmern.

8 COSTA SMERALDA

Reich, schön und glamourös

Es klingt fast wie im Märchen: In den Sechzigerjahren verliebte sich Prinz Karim Aga Khan IV. in diesen Küstenstrich, kaufte Land und gründete den Ort Porto Cervo. Fünf-Sterne-Hotels lockten schon bald zahlungskräftige Gäste an. Bausünden gibt es nicht, da von Anfang an Wert darauf gelegt wurde, dass sich alle Gebäude harmonisch in die Umgebung einfügen. Bei einem Bummel durch Straßen mit eleganten Läden und mondänen Restaurants kann man probeweise eintauchen in diese Glitzerwelt. Danach ist ein Ausflug auf der Küstenstraße Panoramica Pflicht!

TIPP
Echt oder nicht? In der kleinen Kirche Stella Maris im Hafen von Porto Cervo befindet sich ein Gemälde, das El Greco zugeschrieben wird.

Capo d'Orso, der »Bärenfels«, gilt als das Wahrzeichen Nordsardiniens. Die markante Felsformation thront über dem kleinen Hafenstädtchen Palau im Golfo di Orosei. Von Palau aus führt ein Fußweg hinauf zum 122 Meter hohen »Granitbären« – die Aussicht ist fabelhaft!

9 GOLFO DI OROSEI

Geheimnisvolle Höhlenwelten

Was den Golfo di Orosei so besonders macht, sind die Ausläufer des Bergmassivs Supramonte. An einigen Stellen stürzen die Felswände mehrere Hundert Meter senkrecht ins Meer, immer wieder von tiefen Schluchten durchbrochen. Die Folge: verschwiegene kleine Buchten, die nur vom Wasser oder nach einer Wanderung über eine Hochebene zugänglich sind. Zauberhaft ist die Bucht Cala Goloritzè, die von der Felsnadel L'Aguglia überragt wird. Unvergesslich auch ein Besuch der Tropfsteinhöhle Grotta del Bue Marino, die von Cala Gonone aus mit dem Boot angesteuert wird.

TIPP

Zur Cala Goloritzè führt ein Wanderweg über die Hochebene Su Golgo. Nach dem Marsch durch die Karstlandschaft winkt zur Belohnung ein Bad im Meer.

Stromboli

Panarea

Salina

Alicudi und Filicudi

Lipari

Mondello

Vulcano

San Vito Lo Capo

Ägadische Inseln

Zyklopen-Riviera

Lo Zingaro

Pantelleria

Pelagische Inseln

16 SIZILIEN MIT INSELN

Antike Kultur und ein feuerspeiender Vulkan

Der berühmte Stein vor der italienischen Stiefelspitze ist eine Welt für sich: Im Zeichen eines feuerspuckenden Vulkans, losgelöst vom Festland, geprägt von antiker Kultur, einflussreichen Familienclans und häufig Schlagzeilen vom organisierten Verbrechen zeigt sich Sizilien auf den ersten Blick verschlossen. Doch wer bereit ist, sich auf Land und Leute einzulassen, wird ein Juwel finden. Bereits in der Antike war Sizilien ein bedeutender Handelspunkt, noch heute stößt man überall auf Spuren der Phönizier, Griechen, Römer, Byzantiner, Normannen – für jeden historisch Interessierten ein Fest. Dem Ätna verdankt die Insel ihren fruchtbaren Boden. Unbedingt probieren: süße Orangen, Oliven, Wein und köstlichen Schafskäse. Die weiten, sanft abfallenden Sandstrände vor allem im Süden sind das i-Tüpfelchen eines jeden Sizilienurlaubs!

Ein Traum von Meer: Das herrlich klare Wasser vor Siziliens Küsten verspricht an hitzeflirrenden Tagen eine willkommene Abkühlung.

Der Strand von Mondello ist auch bei Sizilianern beliebt – kein Wunder angesichts des türkisblauen Wassers! Der Monte Pellegrino bewacht die Bucht.

1 MONDELLO Baden und bummeln am Fuße des Monte Pellegrino

Das frühere Fischerdorf, heute Vorort von Palermo, ist die Badestelle der Hauptstädter. Wer nicht unbedingt an den sehr frequentierten Strand will, genießt vor allem den Weg, der von Palermo über den Monte Pellegrino nach Mondello führt – Pinienwälder, Höhlen mit altsteinzeitlichen Felsbildern und weite Blicke. In Mondello locken Jugendstilvillen und prächtige Gärten. Die Promenade Lungomare verführt zum Bummeln.

TIPP
Frische Austern bietet die Trattoria da Calogero im Straßenverkauf. www.trattoriadacalogero.net

2 SAN VITO LO CAPO

Paradies mit arabisch-normannischer Vergangenheit

Am Ende einer kleinen Halbinsel am Fuße des markanten Monte Monaco lädt einer der schönsten Strände Siziliens zum Baden ein. Ein sauberer Strand mit feinstem Sand, Palmen und kristallklarem Meer sorgt für einen gesteigerten Wohlfühlfaktor. Wer sich losreißen kann, spaziert zum Santuario di San Vito oder unternimmt eine Wanderung im Naturschutzgebiet Lo Zingaro.

TIPP
Feine Couscous-Gerichte serviert das Ristorante Profumi di Cous Cous in der Via Regina Margherita 80.

(1) Ursprünglich und wild sind die Strandabschnitte im Nationalpark Lo Zingaro. (2) Vulkanausbrüche haben die Isole dei Cyclopi vor Aci Trezza geformt. (3) Jährlich am 15. Juni wird in San Vito lo Capo mit einer großen Prozession das Fest des Schutzheiligen der Stadt gefeiert.

3 LO ZINGARO

Wandern, Rad fahren, schnorcheln und viel Natur

Den entschlossenen Protesten der einheimischen Bevölkerung gegen den Bau einer Schnellstraße verdankt Siziliens erster Naturpark seine Existenz. Was für ein Glück! Statt Autos haben nun Wanderer und Radler im Lo Zingaro freie Bahn, das Wegenetz ist sehr gut ausgebaut. Man kann Abstecher zu ruhigen Badebuchten machen oder auf dem Höhenweg Adler, Falken, Schleiereulen und andere seltene Vögel beobachten.

TIPP
Der Park besitzt zwei Eingänge: die Entrata Nord und die Entrata Sud. www.riservazingaro.it

4 ZYKLOPEN-RIVIERA

Auf den Spuren von Odysseus

Wo der Legende nach der Seefahrer Odysseus vom menschenfressenden Zyklopen Polyphem gefangen gehalten wurde, kann heute entspannt Urlaub machen, wer nicht unbedingt Sandstrände bevorzugt. Prägnantes Merkmal der durch Lava geformten Zyklopenküste sind die bis zu 70 Meter hohen Klippen und Felsgestade. Besonders attraktiv: das Seebad Aci Castello am Osthang des Ätna sowie die Orte Aci Trezza und Acireale.

TIPP
Acireale ist berühmt für seine Konditoreien mit den diversen *dolci*. Köstlich: die Eisspezialität *Granita*!

(1) Besondere Attraktion Pantellerias: Cala di Gadir mit natürlichen Thermalquellen, die schon die Phönizier zu schätzen wussten. (2) Wer sich Favignana mit dem Boot nähert, entdeckt felsige Lagunen. (3) Schwämme aus dem Meer vor Lampedusa werden auch heute noch verkauft.

5 PANTELLERIA Schwarze Perle mit arabischem Flair

Zwischen Sizilien und Nordafrika liegt die Vulkaninsel, deren fruchtbare dunkle Erde für eine üppige Vegetation sorgt. Die Küste überrascht mit kleinen Buchten, verborgenen Grotten, hohen Klippen und vor allem dem immer wieder unfassbar blauen Meer. Es ist hier so sauber, dass sich sogar die extrem seltenen Mönchsrobben wohlfühlen! Auch Delfine kann man manchmal beobachten. Südlich von Cava Levante lädt die markante Felsformation Arco dell'Elefante, der Elefantenbogen, zu einem Sprung ins kühle Nass.

TIPP
Inseltypisch sind die *Dammusi*, eingeschossige Häuser mit arabischer Architektur. Viele werden als Ferienhäuser angeboten. www.ildammuso.com

6 ÄGADISCHE INSELN

Heißer Wind und Höhlenmalereien

Favignana, Levanzo und Marrettimo sind die drei größten Eilande der Isole Egadi. Wer nach Favignana kommt, wird fast immer von einem heißen Südwestwind begrüßt, lateinisch *favonius*; ihm verdankt die Insel ihren Namen. Auf dem Inselberg Monte Santa Caterina kann man die Reste einer normannischen Burg besichtigen. Auf der Nachbarinsel Levanzo gibt es in der Grotta del Genovese steinzeitliche Höhlenmalereien zu bestaunen, Marrettimo hat eigene Quellen und dank des Wasserreichtums eine einzigartige Vegetation.

TIPP
Eine Bootstour rund um das erfrischend grüne Marrettimo, zu buchen z. B. unter www.vogliadimare.com.

7 PELAGISCHE INSELN

Tauchfreuden und Schildkrötenkinderstube

Arabisches Flair findet man auf der südlichsten Insel des sizilianischen Archipels: Lampedusa liegt nur 110 Kilometer von Tunis entfernt. Die Wallfahrtskirche Madonna di Porto Salvo ist ein beliebtes Ausflugsziel. Wer lieber baden möchte, hat an den herrlichen Stränden reichlich Gelegenheit, das Wasser ist überall kristallklar. Ein hervorragendes Tauchrevier liegt vor der Nachbarinsel Linosa – hier soll das Mittelmeer so rein sein wie sonst nirgends. Die reiche Unterwasserwelt spricht für sich!

TIPP

Attraktion der Inseln ist die seltene Karettschildkröte. Weil sie einige Strände zur Eiablage aufsucht, stehen beide Eilande unter Naturschutz.

Liparis hübsche Gassen laden zum Bummeln ein. Auf der Hauptinsel bieten neben Souvenirshops auch kleine Läden lokales Kunsthandwerk an.

8 LIPARI Sieben Schwestern mit feurigen Herzen

Die Liparischen Inseln vor der Nordostküste Siziliens sind allesamt vulkanischen Ursprungs. Lipari ist die größte der »Schwestern« und touristischer Mittelpunkt. Hier flaniert man durch malerische Gassen, stöbert in kleinen Boutiquen oder steigt zur alten Zitadelle hinauf – der Ausblick lohnt jede Mühe! Anschließend kann man sich mit einem Gläschen Malvasia, dem typischen Wein der Region, für weitere Unternehmungen stärken.

TIPP
Sehenswert sind Grabungsfunde im Museo Archeologico Eoliano in Liparis Zitadelle.

9 SALINA Kapernbüsche, Wein und Wanderwege erster Güte

Wer sich vom Meer nähert, glaubt auf Zwillingsberge zuzusteuern. Tatsächlich besteht die Insel aus sechs erloschenen Vulkanen, nur die beiden größten – Fossa delle Felci mit 962 Metern und Fossa dei Porri mit 860 Metern – ragen aus dem Wasser. Salina ist ausgesprochen grün, Wildrosen, Wein, Kapernsträucher und Olivenbäume gedeihen üppig. Ein dichtes Wegenetz lässt Wanderfreunde vergnügt in ihre Stiefel steigen.

TIPP
Auf der Dachterrasse des Tinkitè Ristorante Eoliano in Santa Marina sizilianische Küche genießen. www.tinkitesalina.com

(1) Der aus Lava geformte Felsbogen Punta di Perciato ist das Wahrzeichen von Salina. (2) Der Stromboli gehört nach wie vor zu den aktiven Vulkanen. Auch auf der Nachbarinsel Vulcano brodelt es unter der Erde. (3) Abseits des Touristenstroms zur Ruhe kommen – auf Alicudi kein Problem.

10 VULCANO UND STROMBOLI
Glühende Steine und viel Schwefel in der Luft

Vulcano heißt zu Recht auch Schwefelinsel: Als kleine Erinnerung an das glutheiße Innere der Erde steigt hier Schwefeldampf auf. Dank der Schwefelquellen ist Vulcano ein beliebter Kurort. Stromboli ist nach ihrem Vulkan benannt, der immer noch Feuer spuckt – manchmal alle 20 Minuten. Vor allem nachts ein Anblick, der für Gänsehaut sorgt! Wer Nervenkitzel mag, besteigt den Berg bei einer geführten Tour.

TIPP
Nase zuhalten und ein Bad in einem der Schwefelschlammtümpel bei Porto di Levante nehmen. www.vulcanovacanze.it

11 PANAREA, ALICUDI UND FILICUDI
Kleine Kostbarkeiten für jeden Geschmack

Panarea ist vor allem bei wohlhabenden Italienern als Ferieninsel beliebt. Einen Tagesausflug mit einem Besuch des bronzezeitlichen Hüttendorfes auf dem Capo Milazzese kann man sich aber auch mit kleinem Budget leisten. Wer Massentourismus konsequent aus dem Weg gehen will, ist auf Alicudi und Filicudi genau richtig – viel Natur und Ruhe sind Balsam für alle Stressgeplagten.

TIPP
Vom Gipfel des Fossa Felci auf Filicudi kann man an klaren Tagen bis nach Sizilien blicken.

17 MALTA

Aufregende Unterwasser-welt und spannende Geschichte

Fünf bis sechs Sonnenstunden auch im Winter – Un-
erschrockene können mit etwas Wetterglück auf den
Inseln des maltesischen Archipels auch im Dezem-
ber ins Meer springen. Taucher kommen ohnehin
ganzjährig hierher, um die Unterwasserhöhlen und
Wracks von Schiffen und Flugzeugen zu erkunden.
Die meisten Urlauber aber schätzen das Meer vor
allem als Kulisse für Wanderungen, die vielen Musik-
und Theater-Festivals, die sehenswerte Architektur
und die vielfältigen historischen Highlights. Willkommene Abwechslung bieten Tagestouren nach Gozo
und Comino, die beiden kleineren Inseln. Auch ein
Ausflug in die kleinste Hauptstadt Europas, Valletta,
lohnt sich. Mit ihren unzähligen Palästen, Kirchen,
verwinkelten Gassen und Parks wirkt das Weltkul-
turerbe fast wie ein großes Freilichtmuseum! www.
visitmalta.com

Marsalforn

Ir-Ramla il-Hamra

Gozo

Xlendi

Comino

Mellieha

Malta

Ghar Lapsi

Pool

Die Klippen der Bucht von Zurrieq sind nur etwas für geübte Kletterer. Weniger Sportliche erkunden dort die »Blaue Grotte« mit einem Boot.

Die Unterwasserwelt von Ghar Lapsi.

1 PETER'S POOL — Weiße Felsen und kristallklares Wasser

Nicht vom Elektrizitätswerk abschrecken lassen, an dem man vorbeimuss! Dahinter eröffnet sich Wanderern die Halbinsel Delimara mit schönen Ausblicken und Badebuchten. Peter's Pool ist eine entzückende kleine Felsenbucht, die selten überlaufen ist. Das mag an dem steilen Weg liegen, den man hin und zurück bewältigen muss. Aber es lohnt sich! Das Wasser ist hier dank der geschützten Lage angenehm warm.

TIPP
Geführte Spaziergänge im Xrobb-l-Ghagin-Naturpark auf der Delimara-Halbinsel. www.xrobblghagin.org.mt

2 GHAR LAPSI

Blau-grünes Wasser und eine Höhle zum Tauchen

Nicht nur herrlich baden, sondern auch gut schnorcheln und in Höhlen tauchen kann man an der felsigen kleinen Bucht Ghar Lapsi – am Wochenende kommen viele Einheimische hierher. Geübte Unterwassersportler können durch die Höhle in Ufernähe hindurchtauchen. Vielleicht begegnet man dort sogar einem Oktopus oder einem Rochen! Aber: nur bei ruhiger See ins Wasser gehen!

TIPP
Im Limestone Heritage Centre in Siggiewi dürfen Kinder Steinmetz spielen! www.limestoneheritage.com

(1) Vor allem in der Nebensaison findet sich an Peter's Pool bei Marsaxlokk immer noch ein Platz zum Sonnenbaden – und zum Klippenspringen! (2) Der Freizeitpark Popeye Village bei Mellieha. (3) Schnorcheln in der »Blauen Lagune«.

3 MELLIEHA
Fantastische Ausblicke von der Nordspitze

Bis nach Gozo und Comino kann man von Mellieha aus übers Meer schauen – seine Lage 150 Meter über dem Meeresspiegel im Norden der Insel macht es möglich. Hauptattraktion des Ortes ist allerdings der lange weiße Ghadira-Sandstrand, an dem auch Kinder gefahrlos Sandburgen bauen und im flachen Wasser plantschen können. Wermutstropfen ist leider die Hauptstraße, die am ganzen Strand entlangführt ...

TIPP
Kaffee, leckere Milchshakes und eine tolle Aussicht bietet das Sea View Café. www.seaviewcafemellieha.com

4 COMINO
Eiland mit blauer Lagune

Ganze drei Einwohner zählt Comino noch. Im Sommer bevölkern aber deutlich mehr Menschen die kleinste Insel des maltesischen Archipels. Die Blue Lagoon und zwei weitere Badebuchten locken Tagestouristen von Malta und Gozo mit türkisblauem Wasser an. Abseits der Badespots lohnt es sich, die unberührte Natur zu erkunden.

TIPP
Die Tauchschule auf Comino bietet auch Kurse zum Fische-Erkennen an. www.divecomino.com

(1) Badefreuden auf Comino. (2) Bevor es 2017 bei einem Sturm einstürzte, war das Azure Window eine der Touristenattraktionen auf Gozo. Heute ist dort nur noch eine kleine Nase vom landseitigen Torbogen zu sehen. (3) An der Xlendi-Bucht ist nachts immer etwas los.

5 IR-RAMLA IL-HAMRA

Strandtipp mit sehenswerten Extras

Den schönsten Strand findet man auf Gozo. Vor allem in der Nebensaison ist Ir-Ramla il-Hamra zu empfehlen, dann kann man sich entspannt in den roten Sand legen. Bei gutem Wetter ist das Wasser hier kristallklar. Über die geschützten Sanddünen wachen Ranger. Das Dorf Xaghra hat historische Sehenswürdigkeiten, eine Basilika und Tropfsteinhöhlen zu bieten – unbedingt ansehen!

TIPP

Statten Sie der gut erhaltenen Windmühle in Xaghra einen Besuch ab. www.visitgozo.com

6 MARSALFORN — Sommerfrische der Einheimischen

Nicht nur Touristen lieben Marsalforn, sondern auch die Malteser selbst. Viele haben eine Zweitwohnung an der Nordküste Gozos, um den Sommer hier zu verbringen. An der Strandpromenade des ehemaligen Fischerdorfes, die um die ganze Bucht herumführt, isst man frischen Fisch, kauft Souvenirs oder sitzt einfach nur entspannt in der Sonne. Tauchschulen laden dazu ein, die Unterwasserwelt rund um den Archipel zu erkunden. Oder man fährt einfach ein paar Minuten zur Ramla Bay, dem schönsten Strand Gozos.

TIPP

Westlich von Marsalforn kann man zwischen Salinen spazieren gehen, in denen nach alter Tradition Meersalz gewonnen wird. www.visitgozo.com

7 XLENDI Ruhige Dörfer und lebhafter Touristen-Hotspot

Unweit der kleinen Bauerndörfer Munxar und Sannat befindet sich die trubelige Xlendi-Bucht. Rechterhand der hübschen Bucht gelangt man über einen Felsen zur Caroline Cave. Im Sommer ist die Höhle stets gut besucht, aber außerhalb der Saison ist der Blick aus der dunklen Grotte auf das blaue Meer ein tolles Fotomotiv! Als besondere Attraktion für Taucher wurde in der Xlendi-Bucht 2006 ein Schiff versenkt. Heute ist das *MV Xlendi*-Wrack mit Algen bewachsen und von Meerestieren bewohnt. www.gozodive.com

TIPP
Spektakulär! 145 Meter über dem Meer ragen die Ta' Cenc-Klippen unweit von Sannat auf. Feste Schuhe tragen und nicht zu nahe an den Abgrund treten!

Istrien

Krk

Brionische Inseln

Premuda, Silba, Olib

Lošinj und Susak

Archipel von Zadar

Archipel vor Šibenik

Murter

Makarska Riviera

Vis

Brač,
Šolta, Drevnik

18 KROATIEN
Zerklüftete Küsten und tiefblaue Buchten

Unvergleichlich klar ist das Adriatische Meer vor Kroatien, die Unterwasserwelt zeigt sich weitgehend intakt – so sieht der siebte Himmel für Wasserratten und Tauchfreaks aus. Die zerklüftete Küste hält idyllische Buchten und feine Kiesstrände bereit. Wer gern für sich ist, findet abseits der Touristenhochburgen immer noch ein ruhiges Plätzchen. Strandmüde haben die Qual der Wahl: bummeln in den vielen pittoresken Städtchen mit ihrer teils venezianischen Architektur – oder lieber wandern? Segeln? Die wechselvolle Geschichte des Landstrichs erkunden, römische Ruinen und mittelalterliche Kirchen besichtigen? Auf jeden Fall am Ende eines ausgefüllten und von der Sonne geküssten Tages die kroatische Küche zelebrieren: Frische Meeresfrüchte, Gemüse und regionaler Wein sind wahre Gaumenfreuden!

Ein Sonnenuntergang wie aus dem Bilderbuch ist die ideale Kulisse für Rovinj mit seinem besonderen Charme vergangener und neuer Pracht.

Auf venezianischen Spuren
wandelt man in der Altstadt von
»Klein Venedig«. Immer wieder
öffnen sich überraschende Ein-
und Ausblicke.

Die Bar Valentino in Rovinj ist vor allem am Abend ein beliebter Treffpunkt, dann sorgen Scheinwerfer im Wasser für eine besondere Stimmung.

1 ISTRIEN Venedigs kleine Schwester

Mehr Blau geht nicht: Dort, wo Azurblau und Aquamarin kaum noch voneinander zu unterscheiden sind, liegt das Blaue Istrien – so genannt wegen der schier unglaublichen Farbe von Himmel und Meer. Die große Halbinsel an der nördlichen Adria, die lange im Dornröschenschlaf gelegen hat, hat sich inzwischen zu einem Urlaubsziel erster Güte gemausert – kein Wunder bei dem Reichtum an Naturschätzen, der kulturellen Vielfalt und den aufregenden Spuren der Geschichte, auf die man hier allerorten trifft. Istrien besteht aus einem slowenischen und einem – größeren – kroatischen Teil. Die Westküste von Umag, dem Tor zur Adria, bis nach Pula im Süden ist touristisch am besten erschlossen. Ein malerischer Hafenort folgt dem anderen, einer der schönsten ist ohne Zweifel Rovinj. In der als »Klein Venedig« berühmten Stadt – die im Mittelalter tatsächlich fünf Jahrhunderte lang zu Venedig gehörte – mit den verwinkelten Gassen und verschachtelten Häusern kann man herrlich die Zeit vergessen, um sich plötzlich verdutzt vor dem Campanile wiederzufinden: Der 61 Meter hohe Glockenturm von Rovinj wurde dem venezianischen San Marco nachgebildet. Auch der im 12. Jahrhundert erbaute Uhrenturm, der zeitweise als Gefängnis diente, schmückt sich mit dem venezianischen Löwen. Auf römischen Spuren wandelt man dagegen in Pula. Die südlichste und älteste Stadt Istriens wurde im zweiten Jahrhundert vor Christus von den Römern erobert. Bestens erhalten ist das monumentale Amphitheater, früher Schauplatz von Gladiatorenkämpfen, heute eine Topadresse für Open-Air-Festivals. Augustustempel, Forumsplatz und das Goldene Tor gehören unbedingt ebenfalls ins Pflichtprogramm! Problemlos könnte man von einem Städtchen zum nächsten weiterziehen, bummeln, shoppen, Wein oder Kaffee trinken und Cevapcici mit scharfem *Ajvar* essen, würde nicht immer wieder das Meer locken. An der kroatischen Adria ist es besonders klar, weil es nicht auf Sand, sondern auf eine felsige Küste trifft. Widerstand ist zwecklos – in dieses Blau muss man einfach eintauchen! Sehr schön, nur etwa vier Kilometer von Pula entfernt und bequem zu erreichen: der Kiesstrand Ambrela mit einem vielfältigen Sport- und Activityangebot.

IN »KLEIN VENEDIG« MIT DEN VERWINKELTEN GASSEN UND VERSCHACHTELTEN HÄUSERN KANN MAN HERRLICH DIE ZEIT VERGESSEN

TIPP

Die rauere Ostküste nicht verpassen, besonders das mittelalterliche Städtchen Rabac an der Kvarner Bucht. Kulinarisches Highlight ist das Scampi-Festival im Mai.

Im großen Gehege auf Veil Brijuni wurden zur Zeit Titos vor allem
exotische Tiere untergebracht –
Gastgeschenke von anderen
Staatschefs.

2 BRIONISCHE INSELN

Extrem nobel und auch mit wenig Geld zu genießen

Ende des 19. Jahrhunderts kaufte ein österreichischer Industrieller den Archipel und ließ die 14 Inseln für die Schickeria herrichten. Luxusurlaub ist auch heute möglich, aber nur auf Veil Brijuni, der größten Insel. Seit 1983 stehen alle Eilande unter Naturschutz. Wer vor allem die schöne Landschaft genießen möchte, unternimmt von Fazana oder Pula aus mit der Fähre einen Tagesausflug.

TIPP
Dobrika auf Veil Brijuni bietet neben feinem Sand Reste eines byzantinischen Kastells.

3 LOŠINJ UND SUSAK

Natur und Wellness stehen an erster Stelle

Die Inseln rings um Cres sind Schutzgebiet für Delfine – klar, dass sich hier auch Zweibeiner wohlfühlen! Insbesondere Lošinj, mit Cres über eine Brücke verbunden, betört mit idyllischen Stränden und Ortschaften. Wer Ruhe liebt und ganz für sich sein möchte, ist auf Susak richtig: Hier gibt es Natur, ein paar Häuser, Tai-Chi- und Yogakurse – und sonst nichts. Nicht einmal Straßen!

TIPP
Spa, Activity und Wellness findet man im Punta Vitality Hotel auf einer Landzunge. www.losinj-hotels.com

(1) Wild, grün und ursprünglich: Susak. (2) Stimmungsvoll und abwechslungsreich: Krk. (3) Die Inselwelt der Kontraste: Kvarner Bucht.

4 PREMUDA, SILBA, OLIB

Drei Robinson-Inseln am Eingang der Kvarner Bucht

Hier finden alle Großstadt- und Stressgeplagten Erholung: Auf den drei Eilanden mit jeweils nur einer kleinen Siedlung rückt Zivilisationsstress schnell in weite Ferne. Man kann sich jeden Tag ganz gelassen überlegen, was man unternehmen möchte: vielleicht auf Premuda die Unterwassergrotten von Katedrala erforschen, auf Silba seinen Lieblingsstrand finden oder Olib erwandern?

TIPP

Wracktauchen: Vor Premuda liegt das Wrack des österreichisch-ungarischen Schlachtschiffs *Szent* Istvan.

5 KRK — Urlaubsinsel mit großem Unterhaltungspotenzial

Vor allem im Nordwesten von Krk tobt das Partyleben: Die Strände mit ihren Bars und Szenelokalen sind Anlaufpunkte für alle, die gerne feiern. In der romantischen Altstadt von Krk lässt es sich herrlich flanieren. Unbedingt auf die To-do-Liste setzen: die auf altrömischen Thermen errichtete Basilika aus dem 5. Jahrhundert. Sehr sehenswert ist auch das Festungsstädtchen Vrbnik an der Ostküste.

TIPP

Von Krk kommt der goldgelbe Wein Vrbnička Žlahtina, der köstlich zu Meeresfrüchten mundet.

Zwischen den vielen kleinen Inseln des Zadar-Archipels, die zum Teil unbewohnt sind, erstreckt sich ein erstklassiges Segelrevier.

6 ARCHIPEL VON ZADAR

Garteninseln mit Genussfaktor

Olivenöl, süße Trauben und Feigen, knackiges Gemüse – all das bieten die Garteninseln von Zadar. Zum Archipel zählen Ugljan, Pašman, Ist, Molat, Sestrunj, Iž, Rava und Dugi Otok. Auf Ugljan locken die schönen Badestrände von Muline; zwei sehenswerte Klosteranlagen ziehen Ausflügler auf Pašman an. Eine Stippvisite auf Sestrunj, Molat oder Ist von Zadar aus empfiehlt sich, wenn man nur wenig Zeit hat und dennoch Inselflair schnuppern möchte. Tauchfans begeistert die faszinierende Unterwasserwelt von Duki Otok, Segler finden zwischen Iž und Rava ein ideales Revier.

TIPP
Alljährlich im August steigt in Kali auf Ugljan das Fischerfest *Kualjske ribarske noći* mit Bootskorso, Musik und natürlich viel Fisch und Wein.

7 ARCHIPEL VOR ŠIBENIK

Refugium für Individualisten

Prvić, Zlarin und Krapanj sind nur drei der etwa 40 stillen Eilande vor der Šibeniker Küste. Zlarin erlangte im 15. Jahrhundert einen Ruf als Koralleninsel; wundervolle Exponate zeigt das Korallenmuseum im Ort. Die Bewohner der Insel Krapanj waren bis ins 20. Jahrhundert als Schwammtaucher bekannt. Wer baden möchte, findet hier schöne flache Kiesstrände. Auf Prvić wetteifern die Ortschaften Šepurine und Prvić Luka um die Besuchergunst. In Šepurine sollte man die alten dalmatinischen Häuser bewundern.

TIPP
Sehenswert: Das Grab des Erfinders Faust Vrančić in der Kirche von Prvić Luka und das Museum Memorijalni centar Faust Vrančić, in dem seine Erfindungen zu sehen sind. www.mc-faustvrancic.com

Fantastischer Badeplatz: Die wild
schäumenden Krka-Wasserfälle im
Nationalpark Krka bei Šibenik muss
man einfach besucht haben!

8 MURTER Sonnenbaden, Shoppen, shoppen, feiern und flanieren

Mit dem Krka-Nationalpark vor der Haustür und einer bequemen Brückenverbindung zum Festland ist Murter eine der beliebtesten Ferieninseln Kroatiens. Buchten und Strände sind genauso attraktiv wie die vier Inselortschaften mit ihren Geschäften, Hafenbars, Cafés und guten Restaurants. Ein Highlight ist Ende Juni/Anfang Juli das Love International Festival mit elektronischer Musik im Inselort Tisno.

TIPP
Unbedingt einen Ausflug in den Nationalpark Kornati einplanen! Natur pur! www.tz-tisno.hr

9 BRAČ, ŠOLTA, DREVNIK

Das Goldene Horn und Lagunenträume

Markenzeichen von Kroatiens größter Insel ist eine sichelförmige Landspitze aus goldgelbem Sand und allerfeinstem Kies: Zlatni Rat, das »Goldene Horn« auf Brač. Die Nachbarinsel Šolta bezaubert durch sanfte Hügel, Olivenhaine, Zypressen und kleine Fischerdörfer. Herrlich entspannen kann man auf Veli Drevnik, zum Beispiel in der tropisch anmutenden Lagune von Krknjaši.

TIPP
Feine mediterrane Küche tischt das Restaurant Vila Punta am Supetar Beach auf. www.vilapunta.com

Nur knapp fünf Meter
breit ist der Eingang vom Meer
zur winzigen Bucht von Stiniva
auf Vis. Statt Sand gibt es
hier glatte Kiesel.

(1) Strände mit leuchtend weißen Kieseln und türkisfarbenem Wasser warten bei Brela an der Makarska Riviera. (2) Zauberhafte Abendstimmung liegt über dem Städtchen Belina auf Murter. (3) Leckere Mittelmeerküche findet man in vielen kleinen Restaurants wie hier auf Brač.

10 MAKARSKA RIVIERA

Pinien und Palmen am Fuß eines Bergmassivs

Auf den ersten Blick zieht das monumentale Biokovo-Gebirge alle Aufmerksamkeit auf sich. Mächtig überragt es den schmalen Landstreifen vor Makarska, doch der kann locker mithalten! Leuchtend weiße Kiesstrände, sympathische kleine Küstenorte und immer wieder das fantastisch türkisfarbene Meer – kein Wunder, dass die Makarska-Riviera bereits seit den 1950er-Jahren touristisch bestens erschlossen ist.

TIPP
Unweit von Tučepis an der Makarska-Riviera kann man das schöne Waldgebiet Osejava Rat erkunden.

11 VIS
Endlich am Ziel – hier werden Strandläufer glücklich

Fast zu schön, um wahr zu sein: Mit 54 Buchten wartet die dalmatinische Insel auf, alle auf ihre eigene Art reizvoll. Wie auf Hawaii fühlt man sich unter den Palmen von Stončica bei Vis Stadt, während die Strände auf der Nordseite zwar rauer, dafür aber auch einsamer sind. Tiha, Slatine und Gradac glänzen mit verschwiegenen Felsbuchten, am Strand von Komiža überrascht die kleine Piraten-Kirche Gusarica.

TIPP
Ein Ausflug mit dem Schlauchboot zur Blauen Grotte der Insel Biševo ist ein Erlebnis. www.tz-komiza.hr

Lefkada

Kefalonia

19 IONISCHE INSELN
Geheimtipp vor der griechischen Westküste

Bildschöne Strände und eine italienisch beeinflusste Küche – eigentlich seltsam, dass von den Ionischen Inseln nur Korfu als Reiseziel populär ist. Bereits Kaiserin Sissi schätzte das milde Klima und die mythologischen Geheimnisse der Insel und ließ eine Villa hoch über der Altstadt erbauen. Doch die Inselgruppe hat ungleich mehr zu bieten: Sie besteht aus sieben Hauptinseln, darunter Odysseus' Heimat Ithaka. Die Inseln gehörten nicht immer zu Hellas – noch heute sind die italienischen und französischen Einflüsse spürbar, etwa in der Architektur und in der Küche. Die beste Reisezeit für die Ionischen Inseln ist von Mai bis Oktober, im Winter kann es recht kalt werden. Anders als so häufig auf Mittelmeerinseln sorgen Regenfälle bis in den Winter für üppiges Grün.

Traumhafter Sonnenuntergang am Myrtos Beach – einem der schönsten Naturstrände Griechenlands – auf der Ionischen Insel Kefalonia

1 KORFU

Schöne Städte zum Bummeln und traumhafte Badebuchten

Korfu-Stadt, die für ihre venezianischen Bauten bekannte Hauptstadt Korfus, wird als eine der sehenswertesten Städte im Mittelmeerraum gehandelt; wer allerdings ein bisschen Ruhe und Ursprünglichkeit sucht, fühlt sich womöglich im kleineren Lefkimi im Südosten der Insel besser aufgehoben. Oder man ist einfach unterwegs in der schönen Landschaft, die mit sattem Grün und schroff zerklüfteter Küste punktet. Oder man sucht sich ein Plätzchen an einer der hübschen Badebuchten von Paleokastritsa. Wem es dort zu voll erscheint, der fährt einfach mit dem Motorboot weiter zu einsameren Stränden. Und wem der Sinn nach Kultur steht, der besucht eine der vielen Sehenswürdigkeiten, beispielsweise den Palast Achilleion südlich der Inselhauptstadt oder das malerisch gelegene Kloster Vlacherna auf der Mäuseinsel.

TIPP

Anders als im übrigen Griechenland kann man auf Korfu auch gut vegetarisch speisen, *Skordalia* zum Beispiel, ein cremiges Kartoffel-Knoblauch-Püree.

Korfu-Stadt mit ihren engen Gassen und der alten Festung im Hintergrund. Von dort hat man einen wunderbaren Blick über die Bucht.

Spektakulär: Katsiki Beach auf Lefkada ist nicht mehr als ein schmaler, idyllischer Sandstreifen zwischen steilen Felswänden und türkisblauem Meer.

2 LEFKADA

Traumstrände und einsame Bergwelt

In Lefkada scheint der Massentourismus noch nicht angekommen zu sein. Die Strände hier zählen zu den schönsten des Landes, und selbst in der wunderschönen Bucht von Milos liegt man nicht dicht an dicht im feinen Sand. Auch die kleinen Strände an der grünen Ostküste sind noch nicht überlaufen. Vom Dorf Nidri aus erreicht man mit dem Boot die kleinen, der Küste vorgelagerten Inseln. Hat man einmal genug von Sonne und Sand, stattet man dem wenig befahrenen Bergland mit seinen idyllischen Dörfern einen Besuch ab.

TIPP

Hier soll Sappho in den Tod gesprungen sein: An der Südspitze der Insel steht am Kap Dukato ein Leuchtturm. Mit grandioser Aussicht auf Ithaka!

Der Leuchtturm von Agion Theodoron auf der Lassi-Halbinsel ist eine der meistbesuchten Sehenswürdigkeiten Kefalonias. Einst von den Briten errichtet, wurde er beim Erdbeben von 1953 zerstört. Wieder aufgebaut, ist er vor allem abends ein spektakuläres Fotomotiv.

3 KEFALONIA Die unentdeckte Schöne

Wie ein Frosch beim Kopfsprung sieht die größte ionische Insel auf der Landkarte aus. Am linken Bein liegt der völlig unbebaute Myrtos Beach, oft als einer der schönsten Strände am Mittelmeer bezeichnet. Ebenfalls naturbelassen ist der sandige Xi Beach. Wer mehr Strand-Infrastruktur zu schätzen weiß, sollte sich aufmachen zum Skal Beach.

Im Inselinneren steigen die Berge bis auf 1600 Meter Höhe an. Auf den niedrigeren Hügeln wachsen Olivenbäume, Zypressen und Wein. Wer sich nach Tagen am Strand nach Action sehnt, sollte sich in die Hauptstadt Argostoli aufmachen.

TIPP

Bei Seglern beliebt: das autofreie Dorf Fiskardo. Im Meeresmuseum kann man mit etwas Glück gerade geschlüpfte Meeresschildkröten beobachten.

20 ÄGÄISCHE INSELN

Tagsüber in die Berge und abends ans Meer

Wie zufällig ins Meer gestreut liegen unzählige kleine und größere Inseln in der Ägäis zwischen Griechenland und der Türkei. Ideal für einen Strand- und Badeurlaub – und noch besser zum Segeln! Die Temperaturen hier sind ganzjährig mild, starke Strömungen gibt es nicht, und das Wasser ist so umwerfend blau, dass man einfach nicht anders kann, als immer wieder hineinzuspringen. Passionierte Segler werden auch die Meltemia-Winde im Sommer zu schätzen wissen, die genau richtig sind für einen perfekten Segeltörn. Wer es lieber eine Nummer kleiner mag, findet auf etlichen Inseln auch zum Surfen und Kitesurfen ideale Bedingungen. Wasserski fahren und tauchen kann man fast überall in der Ägäis. Aber auch Wanderer kommen auf ihre Kosten – wer kann schon behaupten, einmal auf dem Olymp gewesen zu sein?

Samos

Mykonos

Naxos

Kos

Rhodos

Imeri Gramvousa

Bucht von Chania

Kreta

Vai und Itanos

Falassarna und Elafonissi

Xerokampos

Chrissi

Entspannte Pause in der Altstadt von Rhodos. Der alte Baum spendet wohltuenden Schatten, in dem es sich gut plaudern lässt.

Unter einer blühenden Bougainvillea kann man im griechischen Sommer die gute Aussicht und einen Cocktail am besten genießen.

2 CHRISSI — Ein Tag am Goldenen Strand

Einen Tag auf Chrissi sollten Kreta-Urlauber auf jeden Fall einplanen. Von Ierapetra aus fahren täglich Boote zu dem nur 15 Kilometer entfernten, unbewohnten Eiland. Es ist der südlichste Naturpark Europas und hat neben einem alten Zedernwald auch den Golden Beach zu bieten. Wer am feinsandigen Strand ins Wasser möchte, sollte Badeschuhe anziehen. Naturfreunde erkunden vielleicht lieber die Insel und entdecken dabei Muscheln und Fossilien. Sonnenschutz und ausreichend Wasser sollten alle dabeihaben!

TIPP
Für blasse Mitteleuropäer empfiehlt sich am Golden Beach ein Sonnenschirm. Die Sonne brutzelt auf Chrissi gnadenlos – Karibikfeeling pur!

1 KRETA — Von Badefreuden bis antike Hochkulturen

Die größte griechische Insel trumpft mit mehr als 1000 Kilometern Küste und einem über 2000 Meter hohen Gebirge auf. Schöne Strände und Wanderrouten gibt es also reichlich, und beides lässt sich hervorragend kombinieren. Nicht vergessen, zwischendurch auf den Spuren der Antike zu wandeln, denn auch das kann man auf Kreta so gut wie kaum irgendwo! Überall auf der Insel stößt man auf Ruinen der minoischen und der nachfolgenden Kulturen. Egal, was man macht: Über allem liegt der Duft von Oregano und Thymian ...

TIPP
Aufgepasst! Eine gute Alternative zur Samaria-Schlucht ist die Agia-Irini-Schlucht. Sie ist kürzer, und man geht überwiegend im Schatten.

3 VAI UND ITANOS — Dattelpalmen als Touristenmagnet

Ein echter Palmenstrand ist abseits der Karibik gar nicht so einfach zu finden, aber auf Kreta gibt es ihn, in Vai! Hier reicht der größte europäische Palmenhain mit mehreren Hundert Kretischen Dattelpalmen tatsächlich fast bis zum Ufer. In der Hauptsaison ist der berühmteste Strand der Insel entsprechend überfüllt und deshalb eher der Blick von dem etwa zehn Gehminuten entfernten Aussichtsturm zu empfehlen. In der Nebensaison ergattert man mit etwas Glück eine Liege und wähnt sich in den Tropen.

TIPP
Nördlich von Vai, in der Bucht von Itanos, findet man drei ruhigere Strände zum Schnorcheln und Sonnenbaden. An einem wachsen sogar Palmen.

Mehr Sommerfeeling geht nicht:
Sonne, Wellen und Sand pur
auf Chrissi – am allerschönsten
zusammen mit der besten
Freundin.

Zum Aussichtspunkt läuft man
vom Palmenstrand Vai aus
zehn Minuten, bis zum vorgelagerten Inselchen schwimmen
Wagemutige etwa 50 Meter.

Abends erwacht das Leben in Chania: essen, tanzen, Musik hören und Leute treffen – alles noch schöner vor malerischer Kulisse am Wasser.

4 XEROKAMPOS

Heiß und abgelegen: ein Stück ursprüngliches Kreta

Menschenleere Strände, winzige Badebuchten, unverfälschte Landschaft und familiengeführte Pensionen – das alles gibt es in Kretas Osten, südlich von Zákros. Wer die große Hitze nicht scheut, die hier im Sommer herrscht, bucht eine Unterkunft im abgeschiedenen Xerokampos. Hier findet jeder seinen Lieblingsstrand! Vielleicht Katsounáki mit Dünen und feinem Sand?

TIPP
Eine natürliche Schlammpackung zum Ausprobieren gibt es in der Bucht Argilos nahe Agios Nikolaos.

5 BUCHT VON CHANIA

Sport, Spaß und viel Musik in Kretas Norden

An der Küste westlich von Chania tobt im Hochsommer das Leben: Tagsüber vertreibt man sich die Zeit mit einem entspannten Sonnenbad oder mit allen Arten von Funsport. Abends geht es vielleicht auf eines der vielen Open-Air-Popkonzerte, die hier jeden Sommer stattfinden. Auch Trips in die Stadt sind dank bester Linienbus-Verbindungen kein Problem.

TIPP
Im Tree of Life Art Hotel in Agia Marina ist man umgeben von moderner Kunst! www.treeoflifehotel.com

(1) Kap Tigani an der Bucht von Balos. (2) Strand von Elafonissi mit pinkfarbenem Sand. (3) Und abends: reife Tomaten, Oliven und Feta!

6 FALASSARNA & ELAFONISSI

Für Wasserratten und archäologisch Interessierte

Die Bucht Falassarna auf der Halbinsel Gramvoussa steht unter Naturschutz, hier geht es meist recht ruhig zu. Vom Plastik der Tomatengewächshäuser bei der Anfahrt darf man sich nicht abschrecken lassen – viele halten den Strand für den schönsten der Insel! Von dort aus kann man nach einem kleinen Spaziergang die Ausgrabungen der antiken Hafenstadt Falassarna besuchen.

TIPP
Die geschützte Insel Elafonissi: Durch flaches Wasser watet man hinüber zu weißen Traumstränden.

7 IMERI GRAMVOUSA

Bezaubernde Lagune mit venezianischer Festung

Nirgendwo auf Kreta kommt so viel Südsee-Feeling auf wie in der seichten Lagune von Balos. Wo sich einst Piraten versteckten, zieht heute der puderfeine Sand im Sommer scharenweise Touristen an. Die Aussicht auf Imeri Gramvousa eine ehemalige Festungsinsel, ist ebenfalls spektakulär. Besichtigen kann man sie nur im Rahmen von Tagesausflügen mit dem Schiff.

TIPP
Unter freiem Himmel in einer Taverne Lamm und Schafskäse speisen. www.gramboussa-restaurant.gr

8 RHODOS

Insel mit Bilderbuchantike und natürlicher Wellness

Eine Altstadt mit einer vier Kilometer langen Befestigungsmauer, mehr als eine Akropolis, ein türkisches Viertel, eine Ritterstraße und einen Großmeisterpalast – für Kulturinteressierte hat Rhodos mehr zu bieten als Sonne und Strand! Der bewaldete Norden bietet sich für ausgedehnte Wanderungen an, hier lockt auch das Schmetterlingstal Petaloúdes mit seinem kleinen Museum zur rhodischen Fauna Ausflügler an. Für Entspannung nach ausgiebigen Besichtigungs- oder Wandertouren sorgen die schon in der Antike wegen ihrer Heilkraft geschätzten Kallithea-Thermen – auch im heißen Sommer. Denn dort sprudelt kein heißes Wasser mehr, sondern man lässt es sich – mit kühlen Getränken versorgt – im klaren Wasser der Badebucht gut gehen.

TIPP

Auf den Felsen am Oasis Beach nahe Faliraki lässt es sich perfekt chillen. Eine kleine Bar beschallt die Besucher mit Musik und sorgt für Getränke-Nachschub.

Die Festung Monolithos im Westen von Rhodos belohnt den anstrengenden Aufstieg mit einem einzigartigen Blick auf das Meer und die Küste.

Gemächlich paddeln in kristallklarem Wasser: Am Livada-
ki-Strand auf Samos kann man
sich kein größeres Vergnügen
vorstellen.

9 KOS
Kleine Insel für entspannte Urlaubsfreuden

Wie fast überall auf den Ägäischen Inseln ist auch auf Kos ein völlig entspannter Urlaub angesagt: Kultur kann man machen, muss man aber nicht, denn die kostbaren Urlaubstage lassen sich auch sehr gut an Stränden, beim Wassersport und in Tavernen verbringen. Windsurfer sind auf Kos gut dran, in der Bucht von Kefalos finden sie ideale Bedingungen vor. Nachtschwärmer gehen in Kos-Stadt und in Kardamena tanzen.

TIPP
Ein Besuch in der Embros-Therme, die mit heißem Thermalwasser gespeist wird. www.kos-info.de

10 MYKONOS
Durchtanzte Nächte und klösterliche Ruhe

Die feierfreudige Insel gilt als eine der besten Club-Locations in Europa, auch für die LGBT-Community. In der Badebucht Super Paradise wird einfach durchgefeiert, oft auch mit Promi-Unterstützung. Wer lieber relaxen möchte, kann das tagsüber am Lia Beach tun. Hübsch und ruhig, weil autofrei, ist auch der Dorfplatz in Ano Mera, einem weißen Dorf im Inselinnern. Unbedingt auch das Mönchskloster anschauen!

TIPP
Archäologie im Blütenmeer: im Frühling mit dem Boot zum Ausgrabungsfeld auf der Insel Delos.

(1) Die Windmühlen von Mykonos stehen auf einem Hügel und sind schon von Weitem zu sehen.
(2) Lauschige Abendstimmung in einer Taverne auf Kos. (3) Das Wahrzeichen von Naxos, das Tor-Fragment des Apollon-Tempels, befindet sich auf einer Halbinsel am Hafen der Hauptstadt.

11 SAMOS
Fast wie anno dazumal: das beschauliche Griechenland

Außerhalb der Hauptstadt hat man auf Samos die Ruhe weg, Entschleunigung ist hier nicht Programm, sondern eine Selbstverständlichkeit. Nicht nur die Einheimischen wollen es so, sondern auch die auf alten Hirtenpfaden wandernden Naturliebhaber. Die Landschaft ist aber auch herrlich! Man läuft durch Olivenhaine, Pinien- und Kiefernwälder – und stößt ganz nebenbei auch auf so manch schöne Badebucht.

TIPP
Nur per Boot oder zu Fuß erreichbar: der wenig besuchte FKK-Strand Karlovassi mit glasklarem Wasser.

12 NAXOS
Gebirge für Wanderer und endloser Strand

Die größte Kykladen-Insel ist trotz ihrer vielen Möglichkeiten nicht überlaufen. Wanderer wissen zu schätzen, dass sie nicht nur grün und fruchtbar erscheint, sondern auch ein auf 1000 Meter ansteigendes Granitgebirge vorzuweisen hat. Fantastische Strände gibt es natürlich auch, gutes Olivenöl, schmucke Dörfer und beste Wassersportmöglichkeiten. Am Rande der Hauptstadt beginnen 20 Kilometer Sandstrand!

TIPP
In der kleinen, ruhigen Bucht Panormos im Südosten schweift der Blick bis zu den Nachbarinseln.

21 ZYPERN

Historische Sehenswürdigkeiten und Badevergnügen

Wenn im Frühling die Anemonen blühen und die Wiesen Zyperns mit einem pastellfarbenen Blütenmeer überziehen, ist die Insel ganz im Osten des Mittelmeers am schönsten. Auf den Wanderwegen sind nur wenige Menschen unterwegs, die antiken Ruinen kann man in Ruhe bestaunen, die Cafés wirken noch ein wenig verschlafen, und nirgendwo herrscht Gedränge. Gute Voraussetzungen also, um Zypern in Ruhe zu erkunden. Die Form der politisch geteilten Insel erinnert vage an eine Schubkarre. Der Griff und der obere Teil der Ladewanne gehören zum türkischen Teil, darunter erstreckt sich der – ungleich größere – griechische Teil. Die meisten Urlauber lernen nur Letzteren kennen, also die Republik Zypern, und besuchen lediglich zu Fuß für ein paar Stunden den türkischen Teil der Hauptstadt Nikosia.

Kárpaz Halbinsel

Salamis

Famagusta

Póli

Zypern

Agia Napa

Am Kap Greco verläuft
der zwei Kilometer lange
Aphrodite-Naturpfad. Von den
Kalksteinklippen bietet sich ein
fantastischer Meerblick.

Geliebte Aphrodite: Am
herrlichen Strand von Petra
tou Romiou soll die griechische
Göttin einst aus den Wellen
gestiegen sein.

Zypern ist ein Paradies für Outdoor-Fans: Wandern, Wassersport, mountainbiken, reiten, golfen – hier findet jeder das Richtige.

1 STRAND UND MEER AUF ZYPERN

Mystisches Bad an Aphrodites Strand

Wo einst die griechische Liebesgöttin nackt aus dem Schaum der tosenden Brandung gestiegen sein soll, spüren heute Touristen dem Mythos nach. Der wunderschöne Kieselstrand Petra tou Romiou zwischen Pafos und Limassol lässt sich von der Küstenstraße aus in ein paar Minuten zu Fuß erreichen. Am späten Nachmittag taucht die untergehende Sonne die am Wasser aufragenden Felsbrocken in ein geheimnisvolles Licht, und man ist fast geneigt, auf den nächsten Vollmond zu warten und – nackt natürlich! – dreimal um den Aphrodite-Felsen herumzuschwimmen, denn das soll Glück und Verjüngung bringen.

Für weniger sportliche, wintermüde Mittel- und Nordeuropäer heißt es auf Zypern wahrscheinlich stattdessen erst einmal, das sonnendurchflutete Glück tagsüber am Strand zu genießen: Türkisblaues Wasser und feiner Sand erwarten Badegäste zum Beispiel am Nissi Beach. Für Familien mit Kindern ist der flach abfallende Sandstrand beim Dorf Geroskipou zu empfehlen. Als einer der bekanntesten Strände Zyperns gilt der Governor's Beach unterhalb der Klippen von Limassol. Schon optisch macht er viel her: Der weiße Kalkstein der Klippen erhebt sich als reizvoller Gegensatz zum schwarzen Sand. Wie überall auf Zypern ist auch hier die Wasserqualität sehr gut und das Wasser kristallklar. Vor allem in der Vorsaison zu empfehlen ist der Strand Coral Bay bei Pafos. Er liegt in einer schönen Bucht und ist mit Liegestühlen und Sonnenschirmen ausgestattet. Und man hat es abends nicht weit zurück in die Stadt.

Rund um die mittelalterliche Hafenfestung schlendert man entspannt an alten Lagerhäusern vorbei, lässt sich

DIE LUFT IST GESCHWÄNGERT VOM SALZIGEN DUFT DES MEERES UND DEN AROMEN DER ZYPRISCHEN KÜCHE

in einem der Lokale nieder und beobachtet bei einem Glas Wein die Jachten im Hafen. Die Luft ist geschwängert vom salzigen Duft des Meeres und den Aromen der zyprischen Küche: Zitrone, Petersilie, Knoblauch. Wenn dann die Mezze aufgetragen werden – kleine, Tapas-ähnliche Vorspeisen – geht der perfekte erste Urlaubstag zu Ende. Morgen warten schon die Mosaike im sehenswerten archäologischen Freilichtmuseum Kourion oder ein weiterer herrlich fauler Tag in einem kleinen *Kafenion* ... www.visitcyprus.com

TIPP

So schön kann Wandern sein: Die Akamas-Halbinsel ist ein Paradies mit fantastischen Ausblicken aufs Meer, einsamen Stränden und einer reichen Pflanzenwelt.

Direkt am Meer liegen die Ruinen der antiken Stadt Salamis. Für die Besichtigung sollte man Informationsmaterial mitnehmen und genug Zeit einplanen!

2 POLI Deutsche Enklave mit Aussicht

Idyllisch liegt das Städtchen Poli auf einem Hügel über der Chrysochou-Bucht. Viele Deutsche, vor allem Berliner, kommen schon seit Jahrzehnten gerne hierher. Kein Wunder: Der Ausblick von hier oben ist herrlich und reicht bis in die Troodos-Berge. Man sollte sich ein bisschen Zeit nehmen, um an den hübschen alten Häusern vorbeizuflanieren, Postkarten zu kaufen und einen zyprischen Mokka zu trinken.

TIPP
Zyprischer Mokka heißt hier *Kafé*! Und immer sagen, wie viel Zucker man möchte, der wird nämlich mitgekocht.

3 AGIA NAPA

Partyhochburg in Zyperns Osten

Vor allem junge Leute tanzen in der beliebten Partyzone Agia Napa die Nacht durch. DJs aus aller Welt legen hier beinahe alles auf, von Techno bis zu hartem Metal. Frühestens ab Mittag saust man dann auf Jetskis an der Küste entlang oder chillt an einem der schönen Strände. Windgeschützt liegt der Limnara Beach, deutlich größer ist der feinsandige Strand in der Nissi-Bucht.

TIPP
Frischen Fisch mit schönem Hafenblick serviert die Vassos Fish Tavern. www.vassosfishtavern.com

(1) In Agia Napa findet auch das Nachtleben draußen statt. (2) Auch auf der Akamas-Halbinsel soll Aphrodite in Liebesdingen unterwegs gewesen sein. Heute trifft man hier eher auf Wanderer. (3) Esel gehören auf Zypern immer noch zum Landschaftsbild.

4 FAMAGUSTA UND SALAMIS

Perfekte Kombination: Altes Gemäuer und neue Musik

Auch der türkische Teil Zyperns lohnt einen Besuch. Famagusta, die frühere touristische Hochburg, ist von einer venezianischen Stadtmauer umgeben. Bei einem Spaziergang stößt man überall auf Ruinen von Klöstern und Palästen. In der Nähe Famagustas kann man die Ruinen der antiken Königsstadt Salamis besichtigen. Im Juni/Juli findet hier alljährlich ein Musikfestival statt.

TIPP

Die Stadt Varosha wurde bei der türkischen Besetzung abrupt verlassen. Die Häuserruinen kann man nur noch vom Meer aus betrachten.

5 KARPAZ-HALBINSEL

Nahezu unberührte Natur und alte Griechen

Die lang gestreckte, schmale Halbinsel im Osten ist das einzige Naturschutzgebiet des türkischen Zyperns. Nur wenige Menschen – eine griechische Minderheit und anatolische Bauern – leben hier in Dipkarpaz, der östlichsten Stadt Zyperns. Die Gegend ist (noch) ein Refugium für die letzten Meeresschildkröten und Zugvögel, die hier im Frühling und Spätsommer Rast machen. Ein Traum für Naturliebhaber!

TIPP

Im Ökodorf Büyükkonuk kann man Olivenöl pressen, Ziegen melken und Esel reiten. www.ecotourismcyprus.com

REGISTER

Aalborg 30
Acci Trezza 121
Acireale 121
Agia Napa 162
Agia-Irini-Schlucht 150
Ahlbeck 28
Ahrenshoop 21
Akamas-Halbinsel 161
Albufeira 64
Algarve 60
Alicudi 125
Aljezur 63
Almuñécar 82
Alpujarras 81
Alum Bay 46
Amalfiküste 102, 106
Ambrela 135
Amrum 14f.
Ano Mera 157
Antibes 97
Arcachon 54
Archsum 13
Argostoli 147
Arrábida-Nationalpark 59
Atlantikwall 35
Ätna 119, 121

Bakenberg 28
Bansin 28
Barranc d'Algendar 90
Barrettini 114
Bastia 100
Belina 141
Bénodet 53
Binz 27
Biscarrosse 54
Blaue Grotte 102, 106
Blokhus 34
Bohuslänküste 41
Bolonia 83
Borgholm 42
Borkum 18
Bornholm 30
Botany Bay 47
Bournemouth 48
Brač 140
Broadstairs 47
Bulberg 34
Büyükkonuk 163

Ca'n Pastilla 88
Cabo da Roca 59
Cabo São Vicente 62f.
Cabrera 85
Cadiz 81
Cala Bona 89
Cala di Gadir 122

Cala Gat 85
Cala Goloritzè 117
Cala Gonone 117
Cala Liscia Ruja 116
Cala Luna 114f.
Cala Millor 89
Cala Ratjada 85
Cala Sa Nau 89
Calanques 92, 95
Calheta 69f.
Caló des Moro 89
Caló des Mort 91
Calvi 100
Camargue 92
Campese 105
Cannes 97
Cap Ferret 54
Cap Fréhel 53
Cap Rousset 94
Capbreton 54
Capo Ferrato 115
Capo Spartivento 112
Caprera 114
Capri 102, 106
Carry-le-Rouet 94
Cartagena 81
Casares 82
Cascais 58
Cassis 95
Cava Levante 122
Chania 152
Chia 112
Chrissi 150
Christchurch 48
Christiansø 36
Cinque Terre 102, 105
Ciutadell 90
Coll de'n Rabassa 88
Comino 126, 129f.
Corbara 100
Corcelli 114
Corniglia 105
Cornwall 49
Corte 100
Costa da Prata 58
Costa de la Luz 83
Costa Rei 115
Costa Smeralda 116
Costa Tropical 82
Costa Verde 100, 112
Costa Vincenta 63
Côte Bleue 92, 94
Côte d'Azur 92
Côte d'Émeraude 53
Côte de Granit Rose 53
Cres 136

Darß 24
Dartmouth 49
Delimara 128
Devon 49
Diamante 108
Dipkarpaz 163
Dornbusch 28
Drevnik 140
Dueodde 36
Dugi Otok 138

El Molinar 88
El Palmar 81, 83
Elafonissi 153
Elba 102, 105
Es Pantaleu 88
Es Trenc 86
Estoril 58
Exmouth 48

Falassarna 153
Faliraki 154
Famagusta 163
Fangotal 101
Fanø 30
Faraglioni 106
Fårö 42
Faro 60, 64
Favignana 122
Fehmarn 22
Filicudi 125
Fischland 24
Fiskardo 147
Flensburger Förde 22
Föhr 14
Formentera 85, 90
Fossa dei Porri 125
Fossa delle Felci 125
Frederiksø 36
Fuerteventura 74
Funchal 69
Fünen 36

Garajau 69
Garajonay 77
Geroskipou 161
Ghar Lapsi 128
Gibraltar 81
Giens 97
Giglio 105
Glénan-Archipel 53
Golf von Orosei 117
Göteborg 41
Gotland 38, 42
Gozo 126, 129f.
Gradac 141
Gran Canaria 76

Granada 81
Grömitz 20
Guardia 82

Halligen 14
Hanstholm 35
Heiligendamm 25
Heringsdorf 28
Hiddensee 28
Hindenburgdamm 13
Hirtshals 34
Hjørring 34
Hooge 14f.
Hossegor 54
Hugh Town 46
Hyères 97

Ibiza 85, 90f.
Île de Cavallo 100
Île de noirmoutier 53
Imeri Gramvousa 153
Ir-Ramla il-Hamra 129
Isle of Thanet 47
Isle of Wight 46
Isles of Scilly 46
Ist 138
Istrien 135
Itanos 150
Ithaka 143, 146
Iž 138

Jammerbucht 34
Juist 18
Jurassic Coast 48
Jütland 30-32

Kampen 13
Kap Arkona 27
Kap Dukato 146
Kardamena 157
Karlovassi 157
Karpaz-Halbinsel 163
Kattegat 30, 41
Kefalonia 147
Kent 47
Kieler Bucht 20, 22
Komiža 141
Kopenhagen 36
Korfu 143f.
Korfu-Stadt 144
Korsika 98
Kos 157
Kos-Stadt 157
Krapanj 138
Kreidefelsen 27
Kreta 150
Krk 137

Krka-Nationalpark 140
Kvarner Bucht 135
Kyrkesund 41

La Gomera 72, 77
La Maddalena 114
La Palma 77
Lampedusa 123
Landes de Gascogne 54
Langeneß 14
Languedoc-Roussillon 92
Lanzarote 72, 76
Lassi-Halbinsel 147
Lavezzi 100
Lavezzi-Archipel 100
Le Teich 54
Lefkada 146
Lefkimi 144
Levanzo 122
Lieper Winkel 29
Limassol 161
Linosa 123
Lipari 125
Lissabon 56f.
Lizard Point 45
Lo Zingaro 120f.
Løkken 34
Lønstrup 34
Los Caños de Meca 83
Los Christianos 74
Lošinj 136

Madeira 56, 66
Maiori 106
Makarska 141
Malaga 82
Mallorca 85f.
Malta 126
Manarola 105
Mandø 30
Maó 90
Marazion 49
Marbella 81f.
Marrettimo 122
Marsalforn 130
Marseille 94f.
Mellby 41
Mellbystrand 41
Memmert 18
Menorca 85, 90
Milos 146
Mimizan 54
Molat 138
Møn 36
Monaco 97
Monchique 63
Mondello 120
Montañas del Fuego 76
Monte Monaco 120
Monte Pellegrino 120
Monterosso 105

Murcia 81
Murter 140
Mykonos 157

Naxos 157
Nazaré 58
Nebel 14
New Grimsby 46
Newport 46
Newquay 49
Nidri 146
Nikosia 158
Nizza 97
Norddorf 14
Norderney 19
Nordfriesische Inseln 13

Ochseninseln 22
Odeceixe 63
Oland 14
Öland 38, 42
Olib 137
Olymp 148
Orust 41
Osejava Rat 141
Ostfriesische Inseln 18f.

Pafos 161
Palau 117
Paleokastritsa 144
Palermo 120
Palma 86
Panarea 125
Pantelleria 122
Parque Natural da Ria
Formosa 64
Pašman 138
Peniche 58
Petaloúdes 154
Peter's Pool 128
Piana 100
Piramide 100
Platja d'en Bossa 90
Platja des Migjorn 90
Platja des Palma 88
Playa de las Américas 74
Playa de Valdeva-
queros 83
Playa del Inglés 76
Poli 162
Ponta da Piedade 63
Ponta Delgada 69
Ponta do Sol 70
Poole 48
Port d'Andratx 88
Portixol 88
Porto Cervo 116
Porto di Levante 125
Porto Pino 112
Porto Santo 70
Portoferragio 105
Portofino 105

Positano 106
Praia da Falésia 64
Praia da Norte 58
Premuda 137
Prora 27
Provence 97
Prvič 138
Puerte de la Cruz 74
Puerto de las Nievas 76
Pula 135

Rabac 135
Rantum 13
Rava
Rhodos 154
Rhône-Delta 92
Riomaggiore 105
Riviera die Cedri 102, 108
Rømø 30
Rømø-Damm 30
Rotes Kliff 13
Rovinj 135
Rügen 27
Ryde 46

S'Arenal 86, 88f.
Sa Dragonera 88
Sagres 63
Saint-Tropez 97
Salamis 163
Salina 125
Samos 157
San Martino 105
San Nicola Arcella 109
San Vito Lo Capo 120
Sankt-Peter-Ording 16
Sant Elm 88
Sant'Antioco 112
Santanyi 89
Sardinien 110
Sarrabus 115
Schwedeneck 22
Seeland 36
Sellin 27
Sesimbra 59
Sestrunj 138
Sevilla 81
Sierra Nevada 81
Silba 137
Sizilien 119
Skagen 30
Skagerrak 30
Skummeslövsstrand 41
Slatine 141
Šolta 140
Son Servera 89
Sønderho 30
Spiaggia Sabbie
Bianche 112
St. Ives 49
St. Mary's 46
St. Michael's Mount 49

Steenodde 14
Stoćica 141
Stockholmer Schären-
garten 42
Stromboli 125
Süddorf 14
Susak 136
Sylt 13

Tanum 41
Tarifa 81-83
Teide 74
Teneriffa 72, 74
Tiha 141
Tjörn 41
Torremolinos 82
Tramuntana-Gebirge 88
Tresco 46
Tućepis 141

Ugljan 138
Umag 135
Usedom 20, 28

Vai 150
Valletta 126
Varberg 41
Varosha 163
Veil Brijuni 136
Vernazza 105
Vila Baleira 70
Vilaflor 74
Vilamoura 63
Villasimius 115
Vilm 27
Vis 141
Visby 42
Vitt 27
Vitte 28
Vrbnik 137
Vulcano 125

Wangerooge 19
Warnemünde 25
Wattenmeer 10
Westerland 13
Wittdün 14
Wustrow 24

Xaghra 129
Xerokampos 152
Xlendi 131

Zadar 138
Zákros 152
Zingst 24
Zlarin 138
Zyklopen-Riviera 121